EL MAEST

Viaje por la Biblia al encuentro de

La Coexistencia de DIOS y del Demonio.

AUTOR EDMUNDO LOPEZ BARRIONUEVO

Email. lopezbarrionuevoe@gmail.com

Lopezedmundo57@gmail.com

ISBN.

9798849367187

Escanea este código Qr para darte la bienvenida y agradecerte por haber comprado mi libro que ahora ya es tuyo también.

Luego de la lectura de cada bloque de capítulos correspondientes, escanea también el código Qr que encontraras para que te lleve a ver un video relacionado a dicho bloque. Y por último el código Qr que te llevará a ver un documental completo sobre el origen del Universo y la vida, pasión, muerte y resurrección de nuestro Señor Jesucristo.

Te deseo un buen y feliz viaje por los capítulos de la Biblia, de la mano de El Maestro Jesús, y de sus Manos de Sanación.

EL MAESTRO JESUS

Viaje por la Biblia al encuentro de la

Coexistencia de DIOS y del Demonio.

DEDICATORIA

Dedico este libro a todas las personas que se encuentren perdidas y desesperadas en este mundo y que necesiten una sanación espiritual y corporal.

Espero que cada uno de los recorridos por los capítulos de la BIBLIA, así como las enseñanzas y explicaciones que nos da el propio Jesús sea de provecho para cada uno de los lectores.

Edmundo López Barrionuevo.

Email lopezbarrionuevoe@gmail.com

Edmundo López Barrionuevo lopezedmundo57@gmail.com

Maestro

EDMUNDO LOPEZ BARRIONUEVO

PROLOGO

Hoy domingo 14 de febrero de 1999, día del Señor, voy a escribir esta primera página, que creo que será una, de algunos cientos de páginas que tendré que escribir, ya que es uno, no sé si de mis sueños, no sé si es una de mis ambiciones, pero si se es que es un designio de Dios, ya que desde aproximadamente veinte años atrás, me taladra en el cerebro, día y noche la idea de escribir un libro que llevara por título.

"EL MAESTRO JESUS."

Miles han sido los pretextos para que no lo haya hecho antes, pero de un tiempo a esta parte, las cosas como que se han ido acomodando, como un juego de ajedrez en el que me encuentro en JAQUE; les diré por qué lo considero así. He escuchado una voz interior que me dice que esta hazaña me costara lágrimas, y muchos sufrimientos; y al igual que Jesús en el monte de los Olivos, también he pronunciado esa oración a Dios diciendo, Padre si puedes librarme de beber ese Cáliz amargo en mi vida, evítalo, Señor, mas, no se haga mi voluntad sino la tuya. Y parece que no hay fuerza en este mundo que evite el que tenga que hacerlo, por ello me he resignado, y de aquí en adelante que sea lo que Dios mi Padre quiera.

El Maestro Jesús: Un viaje por la Biblia al encuentro de la coexistencia de DIOS y del Demonio

Email. lopezbarrionuevoe@gmail.com

Lopezedmundo57@gmail.com

A cerca de este libro

Siempre he estado esperando alguna señal, ya sea a través de un sueño, ya sea a través de cosas tan evidentes que el Señor mi Dios me ha dado, o de voces internas en mi mente que siempre escucho; pero la señal que me ha impulsado a hacerlo ya es la que a continuación voy a relatar, ya que no es un sueño, no es algo que solo yo la haya visto, sino que es una señal puesta por Dios en el cielo, y que la vieron además otras personas, como a continuación relatare.

Voy a ilustrar de una forma aproximada a través de un dibujo, nada preciso de un acontecimiento natural que se presentó en el cielo, en una noche despejada y estrellada.

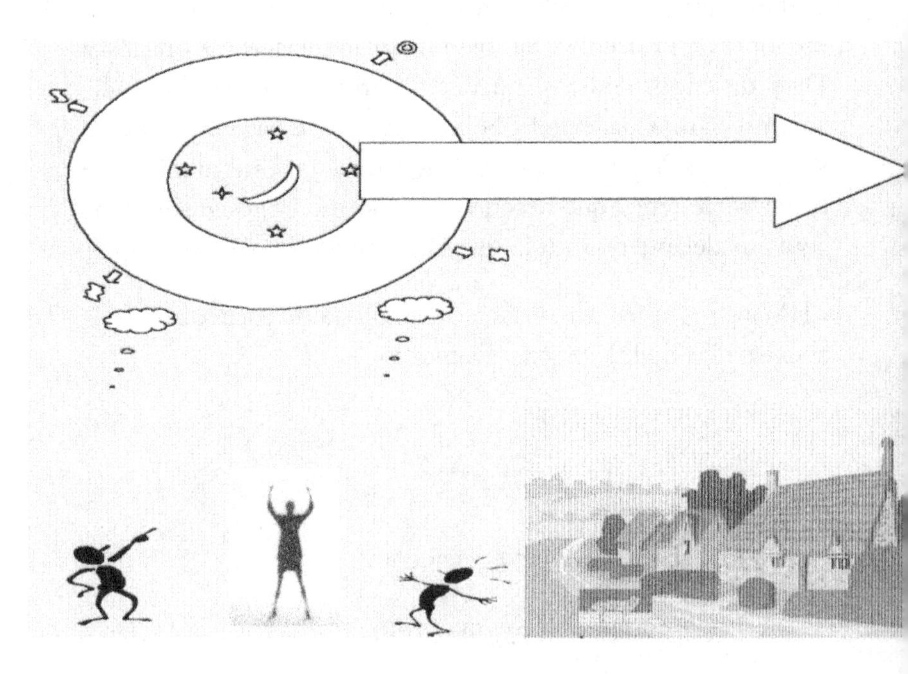

Más o menos es la forma en la que se encontraba el cielo en una noche despejada y estrellada, la noche del sábado 26 de diciembre de 1998, aproximadamente a eso de las 7,30 a 8,45 Pm. En circunstancias que nos encontrábamos en la casa del señor Vicente Oñate, el cual nos había invitado a una cena con ocasión de estar celebrándose la Navidad.

Los niños de aquella familia y entre ellos mi hijo Cristian Humberto, se encontraban jugando en el patio de la casa, cuando de pronto mi hijo entra muy alarmado diciéndome, Papi venga a mirar lo que hay en el cielo, los demás niños también estaban muy alborotados, al ver lo que mi hijo había descubierto en el cielo; como es natural, todos salimos corriendo a ver de qué se trataba, y vimos algo que jamás en la vida nadie de los que allí nos encontrábamos había vito. En ese momento nos encontrábamos, el señor Vicente Oñate y su esposa, sus hijos mayores y sus esposas, ellos con sus hijos, también sus hijos menores; me encontraba con mi esposa y mis hijos, y no recuerdo si alguien más se me escapa estuvo ese momento.

Una especie de nubosidad perfectamente redonda, hecha como con un compás, de aproximadamente 1/2 Km., la franja que salía desde el centro de la estrella era de la misma dimensión, terminaba en la tierra y formaba una especie de flecha, señalando algo; lo raro es que justo en esa dirección queda mi pueblo natal" Ambatillo" y yo no lo podía creer, mas, no hice comentario alguno, solo me quedé pensativo ya que el comentario general era que jamás habían visto algo similar, y que debe ser alguna señal de Dios en estas fechas que se celebran el nacimiento de su Hijo Redentor del mundo.

Como nos pasamos admirando dicho fenómeno estelar muy especial, por aproximadamente veinte minutos, mis hijos insistían en que fuéramos a nuestra casa, para desde allí tomar una fotografía o un video de tan hermoso espectáculo; nos despedimos de nuestros anfitriones, con la idea de lograr nuestro objetivo, y tener un recuerdo evidente de aquello que era indescriptible con palabras. íbamos hacia el centro de la ciudad de Ambato, lugar de mi residencia, ya que el lugar de residencia del señor Oñate se encuentra en un barrio alejado que se llama Huachi Totoras, en el camino nos detuvimos a ver si el fenómeno espectacular seguía, esto era a la altura de un barrio llamado Terremoto, desde el vehículo nos percatamos que seguía allí y estaba igual, al llegar al centro de la ciudad y parqueamos a la altura de la calle Rocafuerte y Espejo, miramos hacia el firmamento y solamente era una noche de luna, despejada y llena de estrellas, pero las cuatro estrellas tan refulgentes que estaban en la posición como formando una cruz, habían desaparecido y era como si nunca hubiera existido allí nada especial en el cielo; eran aproximadamente las 8,25Pm. Lo raro es que cuando volví de visita donde el señor Oñate y le pregunté hasta que hora había seguido divisándose aquel hermoso espectáculo en el cielo, me respondió que siguió hasta las 8,30Pm. Hora en la que todos decidieron ingresar a la casa.

Mi conclusión personal fue que ahora comprendí como la estrella de Belén guio a los Reyes Magos de Oriente, hacia la cuna donde nació Jesús; mas, lo que no comprendo y trataré a costa de mi vida es buscar una explicación del porqué de esa señal en el Cielo, y porqué esa especie de flecha señalando hacia el lugar donde yo nací.

Hoy me he convencido de que esa era la señal que estaba esperando, para empezar mi largo y espinoso camino; y por ello aquí empiezo.

Al igual que en la Biblia, se narran las generaciones que antecedieron a profetas, apóstoles y reyes, incluido el Rey de reyes JESUS, solamente me limitaré a decirles que mi descendencia viene de la madre patria, para nosotros llamada España, y diré que no sé si algún hidalgo español, o uno de los delincuentes que acompañaron a Colón en su loca aventura, robó la inocencia de una de las " indígenas " llamadas así a las mujeres habitantes de nuestro continente, y en especial, Sud América y muy en particular un bello pedazo de éste, llamado ECUADOR; y desde allí, no sé cuántas generaciones transcurrieron hasta llegar a la de mis bisabuelos, llamados:

PACIFICO LOPEZ y CARMEN BARRIONUEVO:

FRANCISCO BARRIONUEVO y SALOME VELASTEGUI- por parte de mi padre.

JOSELINO BARRIONUEVO y JULIANA RODRIGUEZ:

SANTIAGO RIVERA y JUANA MARCIAL

-por parte de mi madre.

Pacifico López, desposó a Carmen Barrionuevo, y engendraron a MIGUEL LOPEZ, mi abuelo paterno; y Francisco Barrionuevo desposó a Salomé Velastegui, los cuales engendraron a MARGARITA BARRIONUEVO, mi abuela paterna,

Joselino Barrionuevo, desposó a Juliana Rodríguez, los cuales engendraron a SANTIAGO BARRIONUEVO, mi abuelo materno; Santiago Rivera, desposó a Juana Marcial, quienes engendraron a PETRONILA RIVERA, mi abuela materna.

Miguel López, desposó a Margarita Barrionuevo, quienes engendraron a ANGEL HUMBERTO LOPEZ BARRIONUEVO, mi padre; Santiago Barrionuevo desposó a Petronila Rivera, quienes engendraron a MARIA GEORGINA BARRIOONUEVO RIVERA, mi madre.

Ángel Humberto López Barrionuevo, desposó a María Georgina Barrionuevo Rivera, quienes engendraron a WALTER JAIME LOPEZ BARRIONUEVO, a GRACIELA OLIMPIA LOPEZ BARRIONUEVO, a VIOLETA ORFELINA LOPEZ BARRIONUEVO, a EDMUNDO LEONIL LOPEZ BARRIONUEVO, y a MARTHA FABIOLA LOPEZ BARRIONUEVO,

Edmundo Leonil López Barrionuevo, desposó a Julia Laura Belén Arteaga, y engendraron a: SAMANTHA GEORGINA LOPEZ BELEN, a JAZMIN CRISTINA LOPEZ BELEN, y CRISTIAN HUMBERTO LOPEZ BELEN.

Con esto, no pretendo ni en lo más mínimo emular a la Biblia ni mucho menos, sino que pretendo dar una pequeña explicación a mi genealogía, que no es nada distinta a la de cualquier persona común y corriente de las que aquí habitamos en mi país.

Lo que sale de lo común, con relación a la de los demás es que, yo soy hijo de REYES; y alguien se burlará de esto, y no faltará alguien que me tilde de loco o disparatado, pero hay una explicación para lo que les acabo de mencionar.

Como es tradicional y conocido por muchos de los que lean estas líneas, o se enteren por algún medio; en Ecuador y algunas otras partes del mundo se acostumbra, hacer una representación o dramatización del nacimiento del Niño Jesús, y la persecución con intenciones de matarlo por parte del Rey Herodes. Esta obra se titula los Reyes Magos.

Da la casualidad de que, durante varios años de la vida de mi padre, él representaba el papel del Rey Herodes, y en algunos de esos años mi madre represento el papel de su esposa la Reina.

En las mencionadas circunstancias, mi padre se enamora de mi madre y la toma por esposa en la vida real, razón por la cual se consideró un matrimonio entre REYES; matrimonio producto del cual nací yo, y por esta circunstancia muy particular me considero hijo de reyes; y aunque no soy el primogénito, me he arrogado este derecho por ser el único loco, si ustedes así lo quieren llamar, que se dio cuenta de este raro fenómeno, ya que en este mundo hay muchos que son hijos de reyes, reyes que representan papeles, muchas veces de Tiranos, al gobernar a los pueblos en los cuales representan esta comedia en la vida real. Pero estos reinados no tienen nada que ver con la vida de Jesús, y no tienen ninguna relación con él muchas veces; en cambio, en mi caso es distinto ya que justamente tiene relación con el nacimiento de Jesús, desde la representación ficticia del reinado de mis padres, hasta la representación de un reinado real de Jesús sobre el mundo entero.

Jesús Rey de Reyes, no puede estar acompañado por cualquier mortal común, para el recorrido que haremos por esta aventura literaria; razón por la cual asumo el papel de un príncipe, al lado de un gran REY.

¡Señor Dios padre, concédeme salud física y mental, y dame fuerza a través de tu Santo Espíritu para poder caminar por este tortuoso sendero, y así alcanzar la meta que espero, y al final del camino encontrar la luz que alumbre y guíe el vivir de la humanidad entera, que nos vemos desesperados y desorientados!

En esta obra que he Osado llamar "EL MAESTRO JESUS". Trataré de caminar por los pasajes de la Gran Biblia, de la mano de Jesús, pidiéndole explicaciones acordes a nuestra nueva forma de vivir, ya que a lo mejor por ser que las enseñanzas y mandamientos, estuvieron dados para las generaciones de hace dos milenios atrás, aproximadamente, y hoy no las comprendemos, a pesar que fueron predicadas y explicadas por la boca del propio Jesús, sin embargo que él trató de poner en vigencia pasajes y mandamientos del antiguo testamento, le voy a rogar humildemente, que volvamos a recorrer nuevamente ese largo camino, y tratar de hacer comprender a esta generación y a Las que vendrán, el mensaje que Dios Padre quiere dar a la humanidad, para que intente vivir feliz y en paz.

Por esta razón quiero dejar en claro, que yo no soy nada, ni dueño de las verdades que ya en la Biblia están dichas, y solamente seré un medio a través del cual hable el propio Jesús, y a su vez él sea el medio, a través del cual el propio Dios Padre hable a la humanidad.

El Maestro Jesús: viaje por la Biblia al encuentro de

La Coexistencia de DIOS y del Demonio

Edmundo López Barrionuevo:

Email lopezbarrionuevoe@gmail.com

Lopezedmundo57@gmail.com

AGRADESCIMIENTO

Dar Gracias a DIOS, pedirle Perdón y su Bendición para llegar a cumplir con ese designio puesto por él sobre mis hombros. Voy a pedir perdón, en primer lugar a Dios nuestro Padre, por la descabellada empresa en la cual me he propuesto emprender; a pesar que seguro estoy que es él, quien quiere que yo sea el que emprenda esta misión, ya que sin el permiso de él, ni una hoja caería de un árbol, ni yo me atrevería a hacer lo que voy a hacer; quiero pedir perdón a Jesús, quien será mi luz y mi guía en este tortuoso camino; quiero pedir al Espíritu Santo de Dios que me dé la fuerza suficiente para seguir adelante y llegar a la meta que me he propuesto, quiero pedir perdón al Santo Padre Juan Pablo II, por ser yo quien se atreve a transitar por este sendero de la mano de Jesús, y no él quien es su representante directo en la tierra; quiero pedir perdón a la Humanidad entera ya que no soy nada, ni nadie especial, solamente soy un humilde mortal que se ha puesto a las órdenes de DIOS.

ESCANEA ESTE CODIGO
POR FAVOR

ANTIGUO TESTAMENTO
LIBRO PRIMERO DE MOISES

GENESIS

(Dime amado Jesús, ¿qué razón tuvo Dios nuestro Padre para crear el cielo y la tierra?)

«Dios nuestro Padre, es un espíritu divino tan grande , que tus ojos terrenales jamás alcanzarían a verlo, y es tan infinito que ni él mismo se atreve a querer conocer cuál es su principio y cuál es su fin; pero si te diré que la tierra y todo lo que en ella habita, es la obra más perfecta que nuestro Padre Dios pudo crear, y de la cual él se siente complacido; pero también se siente muy preocupado porque el Hombre, su máxima creación de Ingeniería Genética, al igual que Luz Bel; está tratando de semejarse a él, y manipular la creación de la vida, y esto lo llevaría a tener que castigarlo como a Luz Bel y apartarlo de su lado.

Se sintió sólo Dios nuestro Padre, y un día decidió crear algo de lo cual se sintiera orgulloso, algo a lo cual pudiera dedicarle todo su tiempo, atención y cuidado».

"Entonces creó Dios el cielo y la tierra, pero la tierra estaba desordenada, vacía y en tinieblas y el espíritu de Dios se movía sobre la faz de las aguas, y dijo Dios sea la luz, y fue la luz. Y vio Dios que la luz era buena; y separó Dios la luz de las tinieblas.

Y llamó Dios a la luz día, y a las tinieblas llamó noche. Y fue la tarde y la mañana del día uno.

Luego dijo Dios: haya expansión en medio de las aguas, y separe las aguas de las aguas. He hizo Dios la expansión y separó las aguas que estaban debajo de la expansión, de las aguas que estaban sobre la expansión.

Y fue así. Y llamó Dios a la expansión cielos. Y fue la tarde y la mañana del día segundo.

Dijo también Dios: júntense las aguas que están debajo de los cielos en un lugar, y descúbrase lo seco. Y fue así.

Y llamó Dios a lo seco tierra, y a la reunión de las aguas llamó mares.

Y vio Dios que era bueno. Después dijo Dios: Produzca la tierra hierba verde, hierba que dé semilla; árbol de fruto que dé fruto según su género, que su semilla esté en él, sobre la tierra. Y fue así.

Produjo, pues, la tierra yerba verde, yerba que da semilla según su naturaleza, y árbol que da fruto, cuya semilla está en él, según su género.

Y vio Dios que era bueno. Y fue la tarde y la mañana del día tercero.

Dijo luego Dios: haya lumbreras en la expansión de los cielos para separar el día de la noche; y sirvan de señales para las estaciones, para días y años, y sean por lumbreras en la expansión de los cielos para alumbrar sobre la tierra. Y fue así.

E hizo Dios las dos grandes lumbreras; la lumbrera mayor para que señoree el día, y la lumbrera menor para que señoree en la noche; hizo también las estrellas. Y las puso Dios en la expansión de los cielos para alumbrar sobre la tierra, y para señorear en el día y en la noche, y para separar la luz de las tinieblas.

Y Dios vio que era bueno.

Y fue la tarde y la mañana del día cuarto.

Dijo Dios: produzcan las aguas seres vivientes, y aves que vuelen sobre la tierra, en la abierta expansión de los cielos. Y creó Dios los grandes monstruos marinos, y todo ser viviente que se mueve, que las aguas produjeron según su género, y toda ave alada según su especie.

Y vio Dios que era bueno. Y Dios los bendijo, diciendo: Fructificad y multiplicaos, llenad las aguas en los mares, y multiplíquense las aves en la tierra.

Y fue la tarde y la mañana del día quinto.

Luego dijo Dios: Produzca la tierra seres vivientes según su género, bestias y serpientes y animales de la tierra según su especie. Y fue así.

E hizo Dios animales de la tierra según su género, y ganado según su género, y todo animal que se arrastra sobre la tierra según su especie. Y vio Dios que era bueno.

Entonces dijo Dios: Hagamos al hombre a nuestra imagen, conforme a nuestra semejanza; y señoree en los peces del mar, en las aves de los cielos, en las bestias, en toda la tierra, y en todo animal que se arrastre sobre la tierra. Y creó Dios al hombre a su imagen, a imagen de Dios lo creó; varón y hembra los creó.

Y los bendijo Dios, y les dijo: Fructificad y multiplicaos; llenad la tierra, y sojuzgadla, y señoread en los peces del mar, en las aves de los cielos, y en todas las bestias que se muevan sobre la tierra.

Dijo Dios: He aquí que os he dado toda planta que da semilla, que está sobre toda la tierra, y todo árbol en que hay fruto y que da semilla; os serán para comer. Y a toda bestia de la tierra, y a todas las aves de los cielos, y a todo lo que se arrastre sobre la tierra, en que hay vida, toda planta verde les será para comer. Y fue así.

Y vio Dios todo lo que había hecho, y he aquí que era bueno en gran manera. Y era la tarde y la mañana del día sexto.

Fueron, pues, acabados los cielos y la tierra, y todo el ejército de ellos.

Y acabó Dios en el día séptimo la obra que hizo; y reposó el día séptimo de toda la obra que hizo. Y bendijo Dios el día séptimo, y lo santificó, porque en él reposó de toda la obra que había hecho en la creación."

(Perdona Jesús mi hermano, dime ¿Por qué dijo Dios, a nuestra imagen y semejanza?)

<<Dios nuestro Padre, es, para tu mente y la de la humanidad, un infinito ente molecular movido por una energía positiva llamado Espíritu, y digo energía positiva porque si él fuera movido por energía negativa, se haría visible a los ojos de ustedes, no olvides que al juntar energía positiva con negativo produce destello, y eso es algo que tú si la puedes ver, y así es el principio de la existencia visible de todas las cosas.

Entonces la imagen holográfica de Dios nuestro Padre es igual a la mía, a la tuya, o a la del resto de la humanidad; y la energía de su espíritu cabe exactamente dentro de su cuerpo celestial. Por eso Dios nuestro Padre, al igual que yo, al igual que tú, al igual que el resto de la humanidad conversa con su Espíritu, porque no está sólo, en soledad absoluta, siempre hay algo alrededor de algo, y dice también conforme a nuestra semejanza, en ello quiso decir, con capacidad de pensar, razonar, y tomar decisiones. Mas, he aquí que no dijo **igual** a nosotros, porque el hombre fue hecho con ciertas limitaciones, como ciertas limitaciones tiene, el hijo terrenal ante su padre terrenal, y su hijo y el hijo de su hijo las tendrán. Por eso tienes que saber que hay un solo Dios verdadero al cual tienes que adorar y obedecer en todos sus mandamientos, por los siglos de los siglos». **Amén.**

El hombre en el huerto del Edén.

"Estos son los orígenes de los cielos y de la tierra cuando fueron creados, el día que YAVE Dios hizo la tierra y los cielos, y toda planta del campo antes que fuese en la tierra, y toda hierba del campo antes que naciese; porque Yavé Dios aún no había hecho llover sobre la tierra, ni había hombre para que labrase la tierra, sino que subía de la tierra un vapor, el cual regaba toda la faz de la tierra.

Entonces Yavé Dios formó al hombre del polvo de la tierra, y sopló en su nariz aliento de vida, y fue el hombre un ser viviente.

Y Yavé Dios plantó un huerto en el Edén, al oriente; y puso allí al hombre que había formado.

Y Yavé Dios hizo nacer de la tierra todo árbol delicioso a la vista, y bueno para comer; también el árbol de la vida en medio del huerto, y el árbol de la ciencia del bien y del mal. Y salía del Edén un río para regar el huerto, y de allí se repartía en cuatro brazos.

El nombre del uno ere Pisón; éste es el que rodea toda la tierra de Havila, donde hay oro; y el oro de aquella tierra es bueno; hay allí también bedelio y ónice.

El nombre del segundo río es Gihón; éste es el río que rodea toda la tierra de Cus. y el nombre del tercer río es Hidekel; éste es el que va al oliente de Asiría. Y el cuarto río es el Éufrates.

Tomó, pues Yavé Dios al hombre, y lo puso en el huerto del Edén, para que lo labrara y lo guardase.

Y mandó Yavé Dios al hombre, diciendo: De todo árbol del huerto podrás comer; más del árbol de la ciencia del bien y del mal no comerás; porque el día que de él comieres, ciertamente morirás.

Y dijo Yavé Dios: no es bueno que el hombre esté sólo; le haré ayuda idónea para él.

Yavé Dios formó, pues, de la tierra toda bestia del campo y toda ave de los cielos, y las trajo a Adán para que viese como las había de llamar; y todo lo que Adán llamó a los animales vivientes, ese es su nombre. Y puso Adán nombre a toda bestia y ave de los cielos y todo ganado del campo; mas para Adán no se halló ayuda idónea para él.

Entonces Yavé Dios hizo caer sueño profundo sobre Adán, y mientras éste dormía, tomó una de sus costillas, cerró la carne en su lugar.

Y de la costilla que Yavé Dios tomó del hombre, hizo una mujer, y la trajo al hombre.

Dijo entonces Adán: Esto es ahora hueso de mis huesos y carne de mi carne; ésta será llamada Varona, porque del Varón fue tomada.

Por tanto, dejará el hombre a su padre y a su madre, y se unirá a su mujer, y serán una sola carne. Y estaban ambos desnudos y no se avergonzaban".

(Perdona Jesús mi Rey, mi gran señor, pero cortaré tu relato que en realidad algunos de nosotros sí lo conocemos, pero te preguntaré algo que la mayoría nos preguntamos: ¿cómo creó al hombre?).

«En realidad difícil para ti es la pregunta, pero fácil para mí la respuesta.

Has escuchado que Yavé Dios creó al hombre a su imagen y conforme a su semejanza, Varón y Hembra los creó; pues bien, así como un ingeniero construye una casa, le da forma y la embellece, y es fácil para el hacerlo, pues así mismo fue fácil para Dios nuestro Padre hacerlo, tomó cada uno de los elementos de la tierra y los fue colocando en su respectivo lugar, de acuerdo a la función que luego habían de desempeñar, luego le fue dando forma y embelleciéndolo, a su imagen y conforme a su semejanza, pero sí con ciertas diferencias, como las de, capacidad de procreación, que le fueron asignadas en vez de ser creador. Limitación en el uso del cien por ciento de su capacidad mental.

Luego le infundió vida al transmitirle parte de su energía positiva, pero desgraciadamente, también le fue necesario infundirle energía negativa, para que sea visible, y es otra de las diferencias con Dios.

Y cuando el hombre cobró vida, fue necesario enseñarle a usar todas sus facultades; porque Dios nuestro Padre, al igual que tu padre, tuvo que enseñarle a usar sus facultades, es por eso por lo que, por los siglos de los siglos, esto se seguirá dando. Y cuando Dios nuestro amado Padre vio que su obra había sido terminada, se regocijó tanto de ella, que al hombre llamó la obra máxima de su creación; porque algo quiero que sepas, el hombre es un ser único en su género en todo el universo, es parte de la semejanza con Yavé Dios. Y es por eso por lo que te pido no atormentarte tratando de buscar otro origen más que el que te acabo de referir. Dios nuestro Padre se entristece cuando tú sufres tratando de buscar otra explicación al porqué de tu existencia. Solo tienes que saber que tu existir, le es grato a Dios nuestro padre, y que tu forma de vivir alegra su corazón si eres bueno y vives bien, mas, le entristece si haces y eres lo contrario; por eso DIOS dio sus mandamientos a Moisés».

Desobediencia del hombre.

"Pero la serpiente era astuta, más que todos los animales que Yavé Dios había hecho; la cual dijo a la mujer: ¿con que Dios os ha dicho: ¿No comáis de todo árbol del huerto? Y la mujer respondió a la serpiente: del fruto de los árboles del huerto podemos comer; pero del fruto del árbol que está en medio del huerto dijo Dios: No comeréis de él, ni le tocaréis, para que no muráis.

Entonces la serpiente dijo a la mujer: no moriréis; sino que seréis como Dios, sabiendo el bien y el mal.

Y vio la mujer que el árbol era bueno para comer, y agradable a los ojos, y árbol codiciable para alcanzar la sabiduría; y tomó de su fruto, y comió; y dio también a su marido, el cual comió, así como ella.

Entonces fueron abiertos los ojos de ambos, y conocieron que estaban desnudos; entonces cosieron hojas de higuera, y se hicieron delantales. Y oyeron la voz de Yavé Dios que se paseaba por el huerto, al aire del día; y el hombre y la mujer se escondieron de la presencia de Yavé Dios entre los árboles del huerto.

Mas Yavé Dios llamó al hombre, y le dijo: ¿dónde estás tú? Y él respondió: oí tu voz en el huerto y tuve miedo, porque estaba desnudo y me escondí.

Y Dios le dijo: ¿quién te enseñó que estabas desnudo? ¿Has comido acaso del árbol que yo te mandé no comieses? Y el hombre respondió. La mujer que me diste por compañera me dio del árbol, y yo comí. Entonces Yavé Dios dijo a la mujer: ¿Qué es lo que has hecho? Y dijo la mujer: la serpiente me engañó, y comí.

Y Yavé Dios dijo a la serpiente: Por cuanto esto hiciste, maldita serás entre todas las bestias y entre todos los animales del campo; sobre tu pecho andarás, y polvo comerás todos los días de tu vida. Y pondré enemistad entre ti y la mujer, y entre tu simiente y la simiente suya; ésta te herirá en la cabeza y tú le herirás el calcañar.

A la mujer dijo: multiplicaré en gran manera los dolores en tus preñeces; con dolor darás a luz los hijos; y tu deseo será para tu marido, y él se enseñoreará de ti.

Y al hombre dijo: Por cuanto obedeciste a la voz de tu mujer, y comiste del árbol del que te mandé diciendo: No comerás de él; maldita será la tierra por tu causa; con dolor comerás de ella todos los días de tu vida.

Espinos y cardos te producirá, y comerás plantas del campo.

Con el sudor de tu rostro comerás el pan hasta que vuelvas a la tierra, porque de ella fuiste tomado; pues polvo eres, y al polvo volverás.

Y llamó Adán el nombre de su mujer, Eva, por cuanto ella era madre de todos los vivientes.

Y Yavé Dios hizo al hombre y a su mujer túnicas de pieles, y los vistió.

Y dijo Yavé Dios: He aquí el hombre es como uno de nosotros, sabiendo el bien y el mal; ahora, pues, **que no alargue su mano y tome también del árbol de la vida, y coma y viva para siempre.**

Y lo sacó Yavé Dios del huerto del Edén, para que labrase la tierra de la que fue tomado. Echó, pues, fuera al hombre, y puso al oriente del huerto de Edén Querubines, y una espada encendida que se revolvía por todos lados, para guardar el árbol de la vida".

(Perdona Jesús, pero debo hacerte otras preguntas: ¿Por qué tuvo Dios nuestro Padre que prohibir comer del árbol del bien y del mal, y por qué tuvo que ser del manzano?)

«Yavé nuestro Padre Dios plantó en el centro del jardín del Edén un árbol como un símbolo, y le prohibió comer de él, solamente para probar la obediencia que le debía a él, el fruto de su creación; ya que lo creó a su imagen y conforme a su semejanza, y no igual a él, sino que el hombre le debe respeto y obediencia, ya que hay algo que debes saber: Hubo otro ser credo antes que el hombre llamado Adán, y fue Luz Bel; este ser fue creado en iguales circunstancias que Adán, con la diferencia que él, es capaz de usar el cien por ciento de su capacidad mental, pero para que haya diferencia con Dios su creador, y no sean iguales, fue dado vida con energía negativa, y, por esa razón es invisible; Pero Luz Bel quiso ser igual a Dios, y se reveló contra él, por esta razón fue echado de su lado, y puso Yavé Dios una barrera de fuego entre él y Luz Bel, llamado Demonio.

Es por eso por lo que al hombre le dio vida con energía positiva y negativa, para que sea equilibrado; y por esta razón quiso probar su obediencia, al prohibirle tomar el fruto de ese árbol.

El manzano es solo un símbolo, ya que el hombre asoció al fruto de éste, con la parte vaginal de su mujer; pues si tomas una manzana y la partes con tu daga por la mitad, y en forma vertical, notarás su gran parecido; comió dicho fruto que era apetitoso a la vista y a sus sentidos, asoció dicha sensación a la sensación de probar y sentir gozo sexual, al acto divino de la procreación, y, ese fue su gran y peor pecado, ya que fue Eva la que primero sintió serpenteante subir la sensación de placer, desde su sexo hasta su cerebro, y culpó a la serpiente por este acto. Luego sugirió probar dicha sensación a Adán su marido, y es así como Yavé Dios vio que le habían desobedecido, ya que el acto sexual fue implantado con el sólo propósito de la procreación, mas no de gozo placentero».

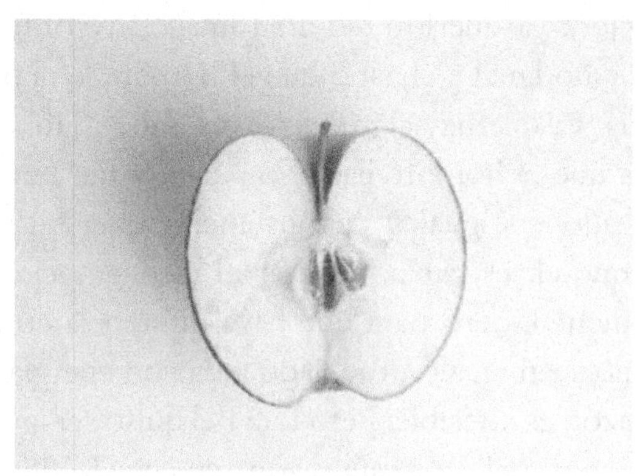
shutterstock.com · 1589722036

(Señor Jesús, es esta otra pregunta que te haré con respecto al árbol de la vida, ¿Que árbol es ese, del cual no deberá comer su fruto?)

«El árbol, solo es un símbolo, porque de allí nace la vida, mas, cuando Yavé Dios dice, "Ahora pues, que no alargue su mano, y tome también del árbol de la vida, y coma, y viva para siempre" Quiere hacer una seria advertencia a la humanidad, pues solamente Dios es capaz de crear vida, a partir de la nada, y si a él con ser un ente perfecto, el primer ser de su creación le salió con defectos, ¿Cuánto más lo sería, para un ser imperfecto como lo es el hombre?

Has escuchado decir, "Cielo y tierra pasarán, más su palabra no pasará", pues así es, he hizo esta advertencia, sabiendo que un día alguien se sentiría, como Eva tentado a probar del fruto de dicho árbol, pero toma en cuenta su última sentencia que dice "coma, y viva para siempre"; significa que no perdonará dicha OSADIA y dejará que se acabe la humanidad. Por eso puso, "una espada encendida para guardar el camino hacia el árbol de la vida", aquel que se atreva a traspasar dicho fuego, perecerá en él, y con el todo lo que lo rodea.

Quiso hacer esta advertencia, sabiendo que un día el hombre se sentiría tentado a manipular la creación de Yavé Dios nuestro padre, manipulando el Genoma Humano y queriendo modificar sus características y su libre albedrío, para sacar beneficio personal para cierto grupo de poderosos que logrando acaparar la mayoría de recursos económicos, pretenden apoderarse del pensamiento de la humanidad para esclavizarlos y hacer lo que ellos quieran con su forma de pensar y actuar, convirtiéndolos en una especie de seres sin conciencia a su servicio.

Caín y Abel.

"El hombre se unió a «Eva» su mujer, la cual quedó embarazada y dio a luz a Caín, pues decía «gracias a Yavé he podido tener un Hijo».

Después dio a luz al hermano de Caín, Abel, Abel fue pastor de ovejas y Caín labrador.

Pasado algún tiempo, Caín presentó a Yavé una ofrenda de los frutos de la tierra. También Abel le hizo una ofrenda, sacrificando los primeros nacidos de su rebaño y quemando su grasa.

A Yavé le agradó Abel y su ofrenda, mientras que le desagradó Caín y la suya. Caín se enojó mucho y su rostro se descompuso.

Yavé le dijo «¿Por qué te enojas y vas con la cabeza agachada? Si tú obras bien, tendrás la cabeza levantada. En cambio, si obras mal, el pecado está agazapado a las puertas de tu casa. Él te acecha como fiera que te persigue, pero tú debes dominarlo».

Caín dijo después a su hermano: «vamos al campo». Y cuando estuvieron en el campo, Caín se lanzó contra Abel y lo mató.

Yavé dijo a Caín: «¿dónde está tu hermano Abel?» Y él respondió: «no lo sé; ¿soy acaso el guardián de mi hermano?».

Entonces Yavé le dijo: «¿Qué has hecho? La voz de la sangre de tu hermano grita desde la tierra hasta mí, por lo tanto, maldito serás, y vivirás lejos de este suelo fértil que se ha abierto para recibir la sangre de tu hermano, que tu mano derramó. Cuando cultives la tierra, no te dará frutos. Andarás errante y fugitivo. Vagando sobre la tierra».

Caín dijo a Yavé: «mi culpa es demasiado grande para soportarla. Ya que tú me arrojas de esta tierra tendré que ocultarme de tu presencia y andar errante y fugitivo. Vagabundo sobre la tierra, y cualquiera que me encuentre me matará». Y Yavé puso una señal a Caín para que no lo matara el que lo encontrara. Caín salió de la presencia de Yavé y habitó en el país de Nod, al oriente del Edén".

(Señor Jesús; perdona, pero aquí, hay algo que me desconcierta e inquieta mucho, y te haré varias preguntas, y una de ellas es: ¿por qué habla el escritor Bíblico solamente de Caín y Abel como hijos de Adán y Eva...y...)

«Espera un momento» (**me dijo en tono firme**). «En primer lugar, debes saber que Yavé Dios nuestro Padre, como te manifesté antes, no solamente creó a Adán y Eva, como única pareja en la tierra para que la gobernara; sino que el escritor Bíblico, tomó como símbolo a la primera pareja creada por Dios nuestro Padre, y alrededor de ella hace girar toda una trama que en esos tiempos estaba llena de leyendas y fábulas acerca de todo lo que les rodeaba, y no comprendían de donde procedían, ni ellos, ni las cosas maravillosas que Dios había creado.

Para tratar de hacerte comprender esta parte, voy a citar lo que allá por el siglo tres, el genial teólogo Orígenes escribía: «En cuanto se refiere a Adán y su pecado, solamente entenderán el significado profundo de dicha historia quienes sepan que, en idioma hebreo, Adán significa el hombre. En párrafos que se presentan como la historia de Adán, Moisés expone su enseñanza respecto a la naturaleza humana».

Como podrás darte cuenta, Adán solamente significa el hombre, y el escritor Bíblico quiso simplificar muchas cosas, para no confundir a los habitantes de esa época, y poder llegar luego en forma fácil a todos ellos, para explicarles las enseñanzas de Dios nuestro Padre.

Entonces, Jehová, Yavé o Dios, como tú lo quieras llamar a nuestro Padre Creador; creó siete parejas de seres humanos, y los distribuyó en siete sitios diferentes de la tierra, y por esta razón a veces, hay diferencias de formas, tamaños, colores o razas como ustedes las llaman en el ser humano. Cuando el hombre, como así lo llamaremos en conjunto con su mujer, que son uno solo en carne y hueso de sus propios huesos, pecó en la forma como ya te lo expliqué antes, al hacer de su sexualidad un acto de gozo subliminal y entretenimiento; el hombre por sí solo al conocer el bien y el mal opta por querer esconderse de la presencia de Dios nuestro Padre, y huye de las fértiles llanuras de los jardines del Edén, pensando que allí no serían encontrados por Dios nuestro Padre. Así llegan a habitar en parajes inhóspitos, muchas veces al encontrarse perdidos o extraviados, por esta razón algunos empiezan a cambiar el color de su piel, o la forma de su cuerpo, ya que no te olvides que, en aquellos tiempos, la tierra estuvo en proceso de transformaciones a veces violentas.

(Mi Señor Jesús, ¿Por esta razón, a lo mejor Charles Darwin asoció esto, a su teoría de la evolución?)

Tú lo has dicho, y nunca dejará, ni el reino animal, ni el reino vegetal, ni el reino mineral, mucho menos el hombre de sufrir transformaciones, hasta el fin de los siglos, ya que el hombre es el único ser que fabrica el entorno en el cual quiere vivir>>.

(Ahora bien, dime mi hermano Jesús, ¿Por qué no agradó a Dios nuestro Padre, la ofrenda que hizo Caín, y porqué sí, la que hizo Abel?).

Mira, este pasaje Bíblico, era otra de las asociaciones que hacía el escritor a circunstancias de su época, incluyendo la muerte de Abel a manos de su propio hermano; pero en realidad hay cosas que trascienden hasta esta época, y se proyectan a lo que sucederá luego, y quizá con peores consecuencias.

Caín, fue el primero en llevar su ofrenda ante Dios nuestro Padre, y lo hizo de los frutos que la tierra producía; lo malo es que Caín tomó de lo que a él le sobraba, y no cabía en sus graneros, sin embargo, Dios no lo rechazó, solamente hizo una comparación con la ofrenda de Abel, que cogió y ofrendó lo mejor de su rebaño, sin detenerse a pensar que lo mejor debería guardarse para sí, sino que lo mejor debería dárselo a su Creador.

Entonces, ¿Quién crees tú que merecía la aprobación de Dios nuestro Padre?>> (por supuesto Abel, y ya sé que todos deberíamos hacer lo mismo que él, pero ¿Por qué matar luego a su hermano, en vez de aceptar, y enmendar sus errores?).

En realidad, a veces el orgullo ciega al hombre, y lo lleva a cometer actos como el de matar, o tratar de eliminar a alguien que sabe que está haciendo bien, porque se ha desarrollado un egoísmo en el ser humano, a tal punto que cree que atropellando a los demás, y tratando de ser el primero en todo, cree agradar a Dios; pero debes de saberlo tú, y díselo a los demás, que como Adán fue echado del Paraíso, y Caín de sus tierras, el resto de la humanidad que no viva conforme a los mandamientos de Dios, será echado de su tierra, y vivirá como errante vagabundo, y no será recibido en el Reino de los Cielos, y sufrirá y se lamentará en el día del juicio final, ya que aquí en la tierra formó un Infierno, y así torturó a los demás, así mismo , en el infierno que ha formado, vivirá por los siglos de los siglos». (**Amén).**

Los hijos de Caín. Set - Descendencia de Adán - Hijos de Dios e hijas de los hombres.

"A partir de Adán, la humanidad va conquistando la tierra y descubriendo las técnicas. Esa historia aparentemente profana, o sea desconectada de las cosas religiosas, es la que hace las noticias diarias. Sin embargo, tiene que ver con la salvación del mundo. Los hombres nacen, trabajan, aman y mueren: eso no puede ser extraño al plan de Dios. Sobre el progreso del hombre está la bendición de Dios. Aun cuando dicho hombre, o nación no conozca a Dios,

Los autores sagrados incluyeron entre los orígenes del mundo y el comienzo de su propia historia (el llamado a Abraham) lo que sabían del pasado de la humanidad. Lo sabían a su manera, por tradiciones y leyendas. Tenían listas de varias ciudades «hijas» de una misma nación, también nombres de pasajes famosos.

¡Matusalén vivió novecientos sesenta y nueve años! Los israelitas creyentes que escribieron estas páginas pensaban en que sus lejanos antepasados eran mejores que sus contemporáneos. (¡Cuántos hombres piensan también hoy que nuestro tiempo es el peor de todos!) Pensaban que por haber sido mejores debían ser premiados con una vida muy larga. Varias cifras son simbólicas: notemos al paso las cifras 777 y 365.

Sin embargo, hay aquí algo más; todas estas cifras se pueden componer en un solo tablero que reproduce los datos astronómicos conocidos en el Oriente. Al incluir estas cifras en la historia de sus antepasados, el autor quería enseñar que Dios dirige la historia de los hombres tal como ordena el universo, «con número, peso y medida» (Sab. 11.20).

Dentro de esta nómina legendaria de los antepasados de la humanidad, aparece la figura de Henoc, el justo, que Dios lleva al cielo, al igual que Elías (2 Reyes 2).

En 6,1 encontramos una creencia popular de los Israelitas. Los hijos de Dios designan a los ángeles. Es así como aparece en la Biblia la afirmación de que, al comienzo del mundo, los ángeles fueron probados y muchos cayeron. En tiempos posteriores no se habla más de esta leyenda de los gigantes, pero sí de los ángeles caídos (Mt, 25,41; Ap. 12,4; 12,7), No olvidemos que, mientras nosotros creemos en un progreso de la humanidad, los pueblos antiguos pensaban que sus antepasados eran más fuertes e instruidos que ellos. Cuando hablan del orgullo del hombre que pretende rivalizar con Dios, pensaban que este había sido el pecado de sus antepasados, mientras que a nosotros ésta soberbia nos parece más propia de las futuras generaciones, engreídas en el orgullo de la técnica. La enseñanza, sin embargo, es clara: el superhombre por más que se crea dueño del cielo no encuentra los caminos de Dios".

Jesús, ¿Crees que quepa alguna pregunta mía, al respecto de algo?

«Pues mejor no la llagas, ya que no creo necesario explicar mucho, acerca de las generaciones pasadas hace muchos miles de años, y conformémonos con la explicación que acaba de relatarnos, la Santa Iglesia Católica y apostólica, mi hija predilecta».

El Diluvio.

"Yavé vio que la maldad del hombre en la tierra era grande y que todos sus pensamientos tendían siempre al mal. Se arrepintió pues de haber creado al hombre y, muy a su pesar, dijo: «Exterminaré de la tierra a los hombres, que he creado, desde el hombre hasta los animales, los reptiles y las aves del cielo; pues me pesa haberlos creado».

Noé, sin embargo, se había ganado el cariño de Yavé.

'Esta es la Historia de Noé. Noé fue, en su tiempo un hombre justo y que se portó bien en todo; Noé andaba con Dios. Los hijos de Noé fueron: Sem, Cam y Jafet.

La tierra se corrompió a la vista de Dios y se llenó de violencia. Viendo Dios que la tierra estaba corrompida, pues todos los mortales se habían descarriado en la tierra, 'dijo Dios a Noé «He decidido acabar con todos los mortales, porque la tierra está llena de violencia por culpa de ellos. Por eso los voy a hacer desaparecer de la tierra.

Haz para ti un Arca de madera de ciprés; en el Arca dispondrás celditas, y las calafatearás con brea por dentro y por fuera. Estas serán sus medidas:

Longitud del Arca, ciento cincuenta metros; ancho, veinticinco metros; alto, quince metros. Al Arca le pondrás un techo y le dejarás medio metro de entretecho, pondrás la puerta del Arca en un costado y harás un primer piso, un segundo y un tercero.

Por mi parte voy a mandar el diluvio, o sea, las aguas sobre la tierra, para acabar con todo ser que respira y vive bajo el cielo; todo cuanto existe en la tierra morirá. Pero contigo voy a firmar mi pacto: Entrarás en el Arca tú y tus hijos, tu esposa y las esposas de tus hijos contigo. Meterás en el Arca una pareja de todo ser viviente, o sea de todos los animales, para que puedan sobrevivir contigo. Tomarás macho y hembra. De cada especie que se arrastra por el suelo entrarán contigo dos parejas de cada una para que puedan salvar su vida. Tú mismo, además, procúrate toda clase de alimentos y guárdalos, pues te servirán de comida a ti y a ellos». Hizo, pues, Noé lo que Yavé le había mandado'.

Yavé dijo a Noé: «Entra en el Arca, tú y tu familia, pues tú eres el único justo que he encontrado en esta generación. De todos los animales puros, tomarás siete parejas de cada especie: cada macho con su hembra. Del mismo modo, de las aves del cielo tomarás siete parejas: macho y hembra. Esto será con el fin de conservar las especies sobre la tierra. Porque dentro de siete días haré llover sobre la tierra durante cuarenta días y cuarenta noches, y exterminaré todos los seres que creé».

'Noé hizo todo lo que Yavé le había mandado. Noé tenía seiscientos años cuando se produjo el diluvio que inundó la tierra'.

Noé, pues, junto con su esposa, sus hijos y las esposas de sus hijos, entró en el Arca para salvarse de las aguas del diluvio.

Animales puros e impuros, aves del cielo y reptiles de la tierra, entraban de dos en dos, macho y hembra, como Dios le había ordenado. Luego, a los siete días, comenzaron a caer las aguas del diluvio.

Animales puros e impuros, aves del cielo y reptiles de la tierra, entraban de dos en dos, macho y hembra, como Dios le había ordenado. Luego, a los siete días, comenzaron a caer las aguas del diluvio.

'A los seiscientos años de la vida de Noé, el día diecisiete del segundo mes del año, brotaron todos los manantiales del fondo del mar y las compuertas del cielo se abrieron. Estuvo lloviendo sobre la tierra durante cuarenta días y cuarenta noches. Ese mismo día entró Noé en el Arca con sus hijos Cam, Sem y Jafet, su esposa y nueras, y también entraron con ellos cada una de las especies de animales salvajes, de los otros animales, de los reptiles que se arrastran en el suelo, y de las aves; toda clase de pájaros y de insectos alados. Y los que entraban eran un macho y una hembra de cada especie que iba llegando según la orden de Dios'.

Y Yavé serró la puerta del Arca detrás de Noé. El diluvio cayó por espacio de cuarenta días sobre la tierra. Crecieron, pues, las aguas y elevaron el Arca muy alto sobre la tierra.

'Las aguas crecieron mucho sobre la tierra; mientras tanto el Arca flotaba sobre las aguas. Subió el nivel de las aguas y crecieron mucho, muchísimo, sobre la tierra, y quedaron cubiertos los montes más altos que hay debajo del cielo. Quince metros por encima subió el nivel de las aguas, quedando cubiertos los montes. Murió todo ser mortal que se mueve sobre la tierra; aves, bestias, animales y todo lo que se mueve sobre la tierra. Y toda la humanidad'.

Todo ser vivo que existía sobre la tierra, murió. Así, perecieron todos los vivientes que había sobre la tierra, desde el hombre hasta los animales, los reptiles y las aves del cielo. Todos fueron borrados de la superficie de la tierra. Sólo sobrevivieron Noé y los que estaban con él en el Arca.

'Las aguas inundaron la tierra por el espacio de ciento cincuenta días, y Dios se acordó de Noé y de todas las fieras salvajes y de los otros animales que estaban con él en el Arca'.

Los manantiales que brotaban desde el fondo del mar y las compuertas del cielo que estaban abiertas, se cerraron, y la lluvia cesó de caer sobre la tierra.

'Las aguas iban bajando en la superficie de la tierra: comenzaron a bajar al cabo de ciento cincuenta días. El día diecisiete del séptimo mes, el arca descansó sobre los montes de Ararat. Y las aguas siguieron bajando hasta el mes décimo, hasta que el día primero de este mes aparecieron las cumbres de los montes'.

Después de cuarenta días, abrió la ventana que había hecho en el arca y soltó al cuervo, el cual revoloteaba sobre las aguas, yendo y viniendo, hasta que se evaporaron las aguas de la tierra. Después, Noé soltó a la paloma, para ver si las aguas habían bajado en la superficie de la tierra.

La paloma no encontrando donde posarse, volvió al arca, pues todavía las aguas cubrían toda la superficie de la tierra, Noé alargó la mano, tomó la paloma y la hizo entrar en el arca. Esperó siete días más y de nuevo soltó a la paloma fuera del arca. La paloma volvió al atardecer, trayendo en su pico una rama de olivo.

Así, Noé se dio cuenta que las aguas habían bajado en la superficie de la tierra. Aún esperó otros siete días más y soltó a la paloma, que ya no volvió más al arca, miró y vio que la superficie del suelo estaba seca.

'El día veintisiete del segundo mes del año seiscientos uno de la vida de Noé quedó seca la tierra. Entonces Dios habló de esta manera a Noé: «Sal del arca, tú y tu esposa, tus hijos y tus nueras. Saca también contigo a todos los seres vivientes que tienes dentro, de cualquier especie, ya sea aves, animales o reptiles que se arrastran por el suelo; que pululen, llenen la tierra y se multipliquen». Salió, pues, Noé y con él sus hijos, su esposa y sus nueras. Todos los animales salvajes y domésticos, todas las aves y todos los reptiles que se arrastran sobre la tierra salieron por familias del arca'.

Noé construyó un altar a Yavé y, tomando de todos los animales puros y todas las aves puras, ofreció sacrificios en el altar. Al aspirar el agradable aroma, Yavé decidió: nunca más maldeciré la tierra por culpa del hombre, pues veo que desde su infancia está inclinado al mal. Ni volveré más a castigar a todo ser viviente como acabo de hacerlo».

Mientras dure la tierra, habrá siembra y cosecha, pues nunca cesarán ni el frío ni el calor, ni el verano o el invierno ni los días o las noches,"

(Mi amado Jesús, ¿crees tú que este es un mensaje de Dios, para que sepamos que cuando desobedecemos sus mandatos seremos castigados?).

«En realidad, tienes que saber tú, y tiene que saber la humanidad entera que Dios nuestro padre nos creó con un propósito y nos dio vida, y estamos vivos, para cumplir con ese propósito; lo único que nuestro Padre Dios quiere de nosotros es que vivamos en paz y armonía entre hermanos, que sepamos compartir todo lo que tenemos con los demás, que renunciemos a las cosas materiales y las convirtamos en espirituales».

(Perdona mi señor, pero ¿no es algo, demasiado complicado para un ser humano como yo, y como todos los demás seres mis hermanos?),

«Pues te diré que es todo lo contrario: en primer lugar, al renunciar a las cosas materiales, no es que tú te tengas que deshacerte de ellas y vivir como un mendigo, sino que debes aprender a vivir con ellas, pero de una manera distinta.

El hombre se desespera por tener más y más cosas materiales en este mundo, y la mayoría de las veces, atropella, roba y hasta mata por obtenerlas, luego que las obtiene, se siente frustrado, porque parece que le hace falta algo más todavía. Es esta forma de vivir la que le lleva a la perdición de la vida que Dios nuestro Padre le dio, y muchas veces lleva a la perdición de su alma consigo, y a vivir en un eterno suplicio.

La forma correcta de vivir es muy sencilla. Tus padres terrenales, siempre quieren lo mejor para ti, te procuran instruir para saber sobrellavar para saber sobrellavar los problemas y dificultades que te trae día a día el vivir. Aprovecha al máximo de esto, y ayuda a tus padres a que no seas una pesada carga que ellos tengan que llevar y renieguen de ti; cuando hayas obtenido los conocimientos suficientes como para poder desenvolverte en la vida, hazlo, procura un trabajo acorde con tus conocimientos y costumbres de vida, si es menester ayudar en su trabajo a tu padre y seguir su tradición, hazlo, siempre y cuando éste sea legítimo y honrado. No ansíes obtener, lo que no mereces; si algo llegas a obtener, cuida de aquello, pero no te conviertas en su esclavo, sigue trabajando con amor y dedicación, sabiendo que tu trabajo sirve y beneficia a los demás, sin explotar la ignorancia de aquel que necesita de tu trabajo y exigiendo solamente una remuneración justa por él. Pide día a día a Dios nuestro Padre que te dé más paciencia y sabiduría para llevar bien tus cosas, y estas te llegarán por añadidura, luego enseña esto a tus hijos y a los hijos de tus hijos.

No olvides que éste es el tercer castigo que Dios nuestro Padre aplica a su propia creación, con el diluvio. Pero también es la muestra de amor y protección que Dios nuestro Padre da a sus hijos cuando saben vivir acorde con sus designios, y en armonía y comunicación constante a través de la oración con él, así lo demuestra al salvar de este castigo a Noé, su hijo predilecto desde la generación de Adán.

En los últimos tiempos ha habido, y habrán, demostraciones del resentimiento que la humanidad causa a Dios nuestro Padre con su forma de vivir, de desacato a las normas más elementales del vivir en sociedad con sus demás hermanos, de guerras entre naciones, de guerras internas entre ellas mismas, de incomprensiones y destrucción de las familias, de corrupción a todo nivel, de ambiciones desmedidas por ostentar y detentar el poder en todos los niveles, desde el nivel familiar hasta llegar al nivel político; y esto desagrada a Dios nuestro Padre, que está a punto de poner a prueba a la humanidad entera nuevamente , es por eso que te hemos escogido a ti, para ser portavoz de estos mensajes, ya que la humanidad siempre tiende a descarriarse, y esto disgusta a Dios nuestro Padre».

(Pero Señor Jesús, te ruego en nombre de la humanidad, recuerda a nuestro Padre Dios que dijo) «Nunca más maldeciré la tierra por culpa del hombre, pues veo que desde su infancia está inclinado al mal. Ni volveré a castigar a todo ser viviente como acabo de hacerlo» (Y **te prometo que haré todo lo que esté a mi alcance para tratar de concienciar a la humanidad para que enderece su forma torcida de vida,** y **trate de encarrilarse por el sendero correcto, para salvar su cuerpo** y **su alma, para poder llegar más limpios a la presencia de Dios).**

«¿Has escuchado decir, no prometas lo que no puedes cumplir? Sin embargo, si quieres aceptar ese reto, yo me complazco de aquello, y estoy seguro de que Dios nuestro Padre se regocijará por esto, y más aún lo haría si cientos como tú, hicieran esta misma promesa hoy; y rogaré a Dios nuestro Padre para que así sea. Mas, recuerda a la humanidad, que hay un Arca abierta, para que no sucumban a la furia del castigo de Dios, y esta Arca es la iglesia que formaron mis Apóstoles, a partir de Pedro, su piedra principal, hasta Juan Pablo II, hoy su seguidor, y los que después vendrán; no hay límite de capacidad en ella, entrará y cabrá tan holgadamente, y tendrá todas las comodidades de un hotel de lujo, todo aquel que a ella quiera entrar, y se brindarán banquetes, y habrá fiesta, por cada uno de aquellos que se encontraban perdidos, y que retornen a su hogar sagrado que es ésta, y habrán premios, para todos aquellos que den a conocer la buena nueva, a todos cuantos ignoraban de ella, y entren en esta nueva Arca de la mano de sus nuevos seguidores. Así sea».

El orden nuevo del mundo.

"Después bendijo Dios a Noé y a sus hijos con estas palabras: «Crezcan, multiplíquense y pueblen la tierra. Que teman y tiemblen ante ustedes todos los animales de la tierra y todas las aves del cielo. Pongo a su disposición todo cuanto se mueve sobre la tierra y todos los peces del mar. **Y todo lo que tiene movimiento y vida les servirá de alimento, así como las legumbres y las hierbas.** Lo único que no deben comer es **la carne con su alma, es decir con su sangre.**

Pero también reclamaré la sangre de ustedes como si fuera su alma. Le pediré cuentas de ella a cualquier animal o a cualquier hombre: quien quiera que sea, deberá responder de la sangre del hombre, hermano suyo. Cualquiera que derrame sangre humana, su sangre será derramada, porque Dios creó al hombre a imagen suya. Ustedes, pues, crezcan y multiplíquense, dispérsense sobre la tierra y domínenla».

Dios dijo a Noé y a sus hijos: «Ahora quiero comprometerme con ustedes, con sus descendientes después de ustedes y con todos los seres vivientes que estén con ustedes, aves, animales domésticos, fieras salvajes, en una palabra, con todas las bestias de la tierra que han salido del Arca. El compromiso que contraigo con ustedes es que, en adelante, ningún ser viviente morirá con agua de diluvio ni habrá más diluvio que destruya la tierra».

Y Dios les dijo: «Esta es la señal de la alianza que contraigo para siempre con ustedes y con todo animal que viviente que esté con ustedes para siempre en adelante: Pongo mi arco en las nubes para que sea una señal de mi alianza con toda la tierra. Cuando yo cubra de nubes la tierra y aparezca el arco en las nubes 'yo me acordaré de mi alianza con ustedes y con toda alma que vive en una carne, y no habrá más aguas diluviales para acabar con toda carne. Pues el arco estará en las nubes; yo al verlo me acordaré de la alianza perpetua entre Dios y todo ser animado que vive en una carne».

Y dijo Dios a Noé: «Esta es la señal de la alianza que yo he contraído con todo ser que pise la tierra»"

«Edmundo, deja que sea el pensamiento de la iglesia católica el que conteste la pregunta que me piensas hacer». (Así cortó mi intención de preguntar, mi amado Jesús, mi compañero de viaje por la Biblia.)

La bendición de Dios a Noé y a sus hijos (o sea, a toda la humanidad), es como un comentario a la promesa anterior. Notemos los puntos siguientes:

El hombre es confirmado en su función de mayordomo de la creación. (V.2).

El hombre puede comer la carne de los animales (V.3). Pero no la sangre (comparar con 1,29). Pues la cultura hebrea consideraba que la sangre contiene el alma, o sea, la vida del ser viviente, y comer la carne de animales sin desangrar les parecía una profanación de esta cosa tan sagrada que es la vida (ver Lev. 17, 10-14).

(Perdona madre iglesia que corte tu explicación, pero debo hacer una gran pregunta a nuestro amado Jesús.

Y a ti que te parece mi amado hermano Jesús. ¿Está, el alma en la sangre está la esencia de la vida en la sangre, es un pecado comerla?).

«En primer lugar, te diré que la sangre es parte de la vida, como el aire lo es, o el agua, pero no es toda la vida, por ende, ella sola no contiene el alma, el alma está distribuida en cada átomo del cuerpo y es la fuerza interior que le impulsa a la vida, la fuerza exterior que la complementa es el espíritu; esto con relación al ser humano. Con relación a los animales, ellos no tienen alma, que es la fuerza interior consciente de vivir, ni espíritu que es la forma supra consciente que impulsa a vivir en armonía con los demás y por ende contigo mismo, conmigo y con Dios. A los animales le mueve a la vida otra clase de energía que es como la energía que da vida a esos aparatos que te hacen compañía y que son producto de los adelantos científicos de la humanidad.

En conclusión, el pecado, está en la intención que le pongas a las cosas, en este caso a la sangre;
En tu tierra natal, hay un plato típico que se llama Yaguarlocro, cómo lo sazonarían sin el Yaguar (sangre), si la intención es alimenticia, y para causar el bien, no es pecado; en el caso de una transfusión de sangre de una persona a otra, también se está tomando la sangre de un cuerpo y lo está ingiriendo el otro cuerpo, y su sentido es de carácter médico, y no es pecado. Pero, si en el caso de una guerra, hay que poner la sangre de otros seres humanos, o animales, para sazonar ese plato funesto que querrá degustar el tirano que confronta a los seres

humanos entre sí, y saborearlo como victoria, esto si es el más grande pecado ante los ojos de Dios nuestro Padre. O en el caso del criminal que con saña delinque, y derrama la sangre de su víctima, o de aquel que jura venganza contra su semejante, y dice "te voy a beber la sangre", desde ese momento, ya está pecando, por lo grave de su intención, y mucho más grave es el pecado cuando lo lleva a cabo.

Esta clase de degustaciones de la sangre es la que hace la diferencia entre pecar y no, al hacerlo, y que todos lo sepan bien, que Dios dijo a Caín, cuando derramó la sangre de su hermano Abel; "La voz de la sangre de tu hermano grita desde la tierra hasta mí

Por lo tanto, maldito serás y vivirás lejos de este suelo fértil que se ha abierto para recibir la sangre de tu hermano". Con esta advertencia sepan bien, que las puertas del Cielo estarán cerradas para aquellos que derramen la sangre, con intenciones de guerras, venganzas o crímenes».

(**Gracias por tu explicación Señor Jesús**).

El compromiso de Dios con la humanidad (V.8) y con todo lo que ha salido del Arca, significa un interés de Dios por todo lo que crean los hombres: su cultura, sus invenciones, sus ambiciones legítimas. Dios no es solamente el Dios de los creyentes sino de todos. Dios no quiere solamente la salvación de las almas: procura que la obra creadora de la humanidad le permita progresar en conciencia y en responsabilidad y prepare su unificación por el Espíritu Santo.

Mientras los hombres viven en pecado Dios no puede manifestarse abiertamente. También les da signos de su providencia y bondad en los acontecimientos diarios: es lo que quiere expresar cuando los invita a fijarse en el arco iris para recordar su alianza (V.12).

Los Hijos de Noé.

"Los hijos de Noé que salieron del Arca eran: Sem, Cam y Jafet; Cam es el padre de Canaán. Estos tres son los hijos de Noé, y de éstos se propagó todo el género humano sobre la tierra.

Noé que era labrador, comenzó a trabajar la tierra y plantó una viña. Habiendo tomado mucho vino, se embriagó y quedo sin ropas dentro de su tienda de campaña. Cam, padre de Canaán, vio que su padre estaba desnudo y fue a decírselo a sus dos hermanos que estaban afuera.

Sem y Jafet, en cambio, tomaron un manto, se lo echaron al hombro y, caminando de espaldas, entraron a tapar a su padre. Como entraron corriendo para adelante, no vieron a su padre, que estaba desnudo. Cuando despertó Noé de su embriaguez supo lo que había hecho con él su hijo menor y dijo: «maldito sea Canaán. Que sea esclavo de los esclavos de sus hermanos. Vendito sea Yavé, Dios de Sem, y sea Canaán esclavo suyo. Que Dios aguarde a Jafet y habite en las tiendas de Sem y sea Canaán esclavo de ellos».

Vivió Noé después del diluvio trescientos cincuenta años. Así todos los días que vivió fueron de novecientos cincuenta años".

(Señor Jesús, ¿solamente de estos tres descendientes de Noé, devino la humanidad entera, hasta nuestros días?)

«En la parte correspondiente a la creación, con respecto al hombre, te explique, que Dios nuestro Padre ubicó en otros puntos estratégicos de la tierra, a otros seres creados de la misma forma que Adán; así mismo quiero explicarte que, en la tierra, y sobre la faz de la tierra, ha existido y existe casi la misma cantidad de agua desde el momento de la creación de ella, por ende cuando se produjo el diluvio sobre la mayor parte de la tierra, y donde estaban ubicados los pueblos que llegaron a desobedecer los mandatos de Dios nuestro Padre, y vivir en forma desenfrenada, dando rienda suelta a sus más perversos instintos y bajas pasiones; lo único que sucedió es que Dios tomó la mayor cantidad de ésta, para desatarla en la zona del diluvio, pero esto causó que en la parte que no hubo agua, existió sequía, y también hubo muerte, aunque no en la magnitud que en la zona del diluvio, por esta razón Dios nuestro Padre, hizo la promesa de no castigar de esta forma a la humanidad.

Más bien, la Biblia en referencia a esta parte de la escritura, en que dice «crezcan, multiplíquense y pueblen la tierra», quiere manifestar que ya vivan en paz, y de una manera que su diario comportamiento sea agradable a los ojos de Dios nuestro Padre.

Pero al referirse a la conducta de Noé al excederse en probar el fruto de su viñedo, hecha un manto sobre la irresponsabilidad de Noé, que se embriagó. Condena la borrachera, pero no las cosas buenas que salieron de las manos de Dios. Pues también yo probé el vino en las bodas de Canán en Galilea, pero con mucha moderación, y eso no es malo, ni mal visto por Dios nuestro Padre. Más bien la Biblia aprovecha esta leyenda para recalcar el respeto que los hijos deben a los padres, y el sentido del pudor.

Para que puedan comprender de una mejor manera esta explicación, demos una hojeada a la explicación de mi hija predilecta, con respecto al mapa de los pueblos».

Para los israelitas la humanidad se dividía en tres grupos:

_ El de los bendecidos por Dios, los semitas (que incluye entre otros, a los árabes). Llamaban a su antepasado Sem. Es decir, "el nombre", el que conoce y guarda el nombre, o sea, la presencia de Dios.

_ Otro grupo, Jafet, lo formaban los pueblos de Europa, los que iban a ser el imperio de los griegos y romanos.

_ Otro grupo era el de los pueblos de África: especialmente Misraim, o sea Egipto, y Cus, o sea Etiopia. También los cananeos, que ocupaban la tierra santa antes que la conquistaran los israelitas. Y como la inmoralidad sexual era muy común entre los cananeos, por eso se atribuye a su antepasado Cam una mentalidad semejante.

La torre de babel.

"Todo el mundo tenía un mismo idioma y usaba las mismas expresiones, al extenderse la humanidad, desde Oriente, encontraron una llanura en la región de Sinear, y allí se establecieron.

Entonces se dijeron unos a otros: «vamos a hacer ladrillos y cocerlos al fuego». El ladrillo les servía de piedra y el alquitrán de mezcla. Después dijeron: «construyamos una ciudad con una torre que llegue hasta el cielo; así nos haremos famosos y no andaremos desparramados por el mundo».

Yavé bajo para ver La ciudad y la torre que los hombres estaban levantando 'y dijo: «Veo que todos forman un mismo pueblo y hablan una misma lengua, siendo esto el principio de su obra, ahora nada les impedirá que consigan todo lo que se propongan. Pues bien, bajemos y una vez allí confundamos su lenguaje de modo que no se entiendan los unos a los otros».

Así Yavé los dispersó sobre la superficie de la tierra y dejaron de construir la ciudad. Por eso se llamó Babel, porque allí Yavé confundió el lenguaje de todos los habitantes de la tierra".

«Antes que me hagas alguna pregunta, pon atención a la explicación que nos da, mi amada hija».

◇ En el Oriente medio varias leyendas toman sobre Babel (o Babilonia), la capital más antigua y famosa de la tierra, con sus edificios de ladrillos y sus torres extrañas, como inconclusas. El escritor bíblico usa estas leyendas (en 11,7 como en 3,22 conservó una expresión ambigua que anteriormente se refería al miedo de los Dioses ante la audacia del hombre); pero a él le sirve para hablarnos del pecado que encierra el orgullo nacional.

Dios había dado a los hombres la misión de ocupar toda la tierra para que diera sus frutos. Ellos, sin embargo, prefirieron su seguridad antes que hacer obra creadora, y ven en el poderío nacional un medio de satisfacer su orgullo. En vez de solucionar los problemas contrarios a la justicia y comprensión mutua que existen en cada sociedad, prefieren concentrar sus esfuerzos sobre la realización de obras prestigiosas.

Los grandes proyectos para los cuales se sacrifican alegremente los derechos legítimos de millones de esclavos quedan inconclusos. El rencor y la opresión preparan para la generación siguiente o para el siglo que viene divisiones irreparables.

Solo Dios puede reunirnos: la primera promesa a Abraham será la de reunir todas las naciones en torno a su descendencia (Gén. 11,3). Cuando, en Pentecostés, vino el Espíritu Santo al corazón de los creyentes (Heb. 2), los hizo entenderse en el lenguaje único del amor. La Iglesia nace y se forma de hombres de varios pueblos y lenguas. Mientras el hombre pecador trabaja sólo y desarrolla una cultura machista opresiva y estéril, el creyente acepta crear junto con Dios y se preocupa por una superación de las personas mediante la comunicación mutua y la comunión en un mismo espíritu (Ef. 2,19-22).

(Señor Jesús, pero ¿Cual es en sí el mensaje de Dios al destruir la torre y confundir sus lenguas?)

«Es simple y sencillo el mensaje de Dios nuestro Padre, hoy en día, todavía hay y habrán muchas naciones que basan su orgullo en el poderío militar y en la majestuosidad de sus torres construidas de ladrillos, hechas por esclavos que no precisamente son originarios de esos mismos pueblos; sino que son llevados encadenados por las cadenas de miseria que crean en otros pueblos para que de esa manera sean esclavos voluntarios, y de igual forma que construyeron la torre de Babel, con el esfuerzo y la sangre de esos esclavos, así mismo se construyen inmensas torres con el sudor y la sangre de los esclavos modernos.

Pero no olviden que Dios ha bajado para ver la obra del hombre, y el momento que él crea conveniente puede igual destruir esas inmensas torres construidas con mucha sangre y lágrimas, y confundir sus lenguas y sus mentes, de tal forma que, viendo sus torres de poderío y orgullo nacional destruidas, tendrán que llorar lágrimas de sangre y volver sus ojos a Dios para implorar de rodillas su perdón.

Dios llama a Abraham.

"Yavé dijo a Abraham: «Deja tu país, a los de tu raza y a la familia de tu padre, y anda a la tierra que yo te mostraré. Engrandeceré tu nombre, y tú serás una bendición. Bendeciré a quienes te bendigan y maldeciré a quienes te maldigan. En ti serán benditas todas las razas del mundo». Partió, pues, Abraham, como se lo había dicho Yavé, y junto con él se fue también Lot,

Abraham tenía setenta y cinco años cuando salió de Jarán. Abraham tomó a Saray, su esposa, y a Lot, hijo de su hermano, con toda la fortuna que había reunido y el personal que había adquirido en Jarán, y salieron para dirigirse a Canaán,

Entraron en Canaán 'y Abraham atravesó el país hasta el lugar sagrado de Siquem, el Árbol de Moré. Los cananeos estaban entonces en el país. Yavé se apareció a Abraham y le dijo: «Esta tierra se la daré a tu descendencia».

Entonces Abraham edificó un altar a Yavé, que se había aparecido.

Desde allí pasó a la montaña, al oriente de Betel, y desplegó su tienda de campaña entre Betel, al occidente, y Hay, al oriente. Allí también edificó un altar a Yavé e invocó su nombre. Luego Abraham avanzo por etapas hacia el país de Negueb.

En el país hubo hambre, y Abraham bajó a Egipto a pasar allí un tiempo, pues el hambre abrumaba al país. Estando ya próximos a entrar en Egipto, dijo a su esposa, Saray: «Mira, ya sé que eres una mujer hermosa. Los egipcios, en cuanto te vean, dirán: Es su mujer; me matarán, y a ti te llevarán. Di, pues, que eres mi hermana para que me traten bien en consideración a ti, yo viva gracias a ti».

Efectivamente, cuando Abraham entró en Egipto, los egipcios vieron que la mujer era muy hermosa. Después que la vieron los oficiales de Faraón, le hablaron a este muy bien de ella, por eso Saray fue conducida al palacio de Faraón, Faraón, debido a ella, trató bien a Abraham, quien recibió ovejas, vacas, burros, siervos y camellos.

Pero a causa de Saray, esposa de Abraham, Yavé castigó a Faraón y a su gente con grandes plagas. Entonces Faraón llamó a Abraham y le dijo: «¿Qué es lo que has hecho conmigo?: ¿Por qué no me dijiste que era tu esposa, 'sino que, más bien, me la presentaste como tu hermana? Por eso, yo la hice mi mujer. Ahora, pues, allí tienes a tu esposa, tómala y vete». Y Faraón ordenó a unos cuantos hombres que lo despidieran a él, a su mujer y todo lo suyo.

Salió Abraham de Egipto con su esposa y todo lo que tenía, subiendo al Negueb. Y con él también iba Lot. Abraham tenía entonces muchos animales, plata y oro. Caminando de trecho en trecho se dirigió desde el Negueb hasta Betel, 'llegando al lugar donde primero había levantado su tienda, entre Betel y Hay, en el sitio del altar que antes había hecho y donde había invocado el nombre de Yavé.

«Otra vez, Edmundo, pon atención a la explicación de mi amada hija a este pasaje bíblico, antes de preguntarme algo». -

Tera fue padre de Abraham. ¿Qué sabían los israelitas de su padre Abraham? A pesar de que no tenían libros antiguos, sabían algo de él, pues los ancianos contaban a los más jóvenes las hazañas de sus mayores. Ahí surgía un nombre: Abraham. Cuando las tribus hebreas iban a Egipto con sus rebaños, Abraham uno de ellos, había emigrado para obedecer una orden de Dios y por una promesa suya.

De Abraham había bien pocos recuerdos, desarrollados en forma de leyendas. Entonces los profetas de Israel, que escribieron estas líneas, fijaron los rasgos de Abraham, haciendo de él un modelo de los creyentes.

Entendamos, pues, que la historia de Abraham no es histórica en todo lo que dice. Es como un libro acerca de la fe, en que se nos presentan los pasos y las pruebas más típicas, protagonizadas por Abraham, que cada creyente encuentra en un momento u otro de su vida.

Todos, más o menos creemos en «algo». Esto nos tranquiliza, pero muchas veces nos compromete. Por eso los ateos dicen que la religión es un opio. Pero la fe, según la Biblia, consiste en creer en Alguien que nos llama para entrar en una historia, en un caminar hacia delante. Y esta fe aparece precisamente con Abraham.

(Mi señor Jesús, ¿Cuál es tu explicación al respecto?).

«Voy a ser breve en decirte que, todos venimos y vinimos a este mundo, y a este planeta que se llama tierra con un propósito, el cual Dios nuestro Padre nos encomienda; Dios, no nos habla a gritos, ni para que lo escuchemos con nuestros oídos físicos, sino que nos habla a nuestros sentidos, nos muestra el camino de muchas maneras, nos da pautas claras de que es lo que quiere él, para nosotros.

Aquí es donde juega un papel importantísimo la fe, puesto que es algo que no lo podemos ver, sino sentir y luego expresar, es el momento de creer en Dios, en un Dios que no quiere nada malo para nosotros, al contrario, quiere lo mejor, y por eso entrego el fruto de su creación en nuestras manos, para que lo gobernemos y cuidemos de todos los elementos de su hermosa creación. Si no tenemos fe, y no creemos en pruebas tan palpables como estas, no sé cómo poder vivir sin angustias y desesperación por no querer entender, que somos hijos predilectos de Dios, y que estamos aquí con el solo propósito de vivir en paz, ser felices y así hacer feliz a Dios nuestro Padre».

Abraham, jefe de una tribu de pastores nómadas, es elegido por Dios que lo llama, no sabemos exactamente en qué forma.

Abraham tenía setenta y cinco años. Es un hombre anciano, sin hijos, y como es un nómada, es decir errante, no tiene propiedad estable. De todas maneras, ha pasado la edad en que uno puede pensar en rehacer su vida.

-Deja a la familia de tu padre. Dios no le pide ninguna práctica religiosa: solamente quiere que este hombre se ponga a su servicio para iniciar la construcción de un pueblo que será el pueblo de Dios.

-Anda a la tierra que yo te mostraré. Dios le promete tierra y descendencia, y Abraham pasa a ser el modelo de los hombres de fe de todos los tiempos al dejar el curso normal de su vida para seguir el plan de Dios. Cuando una mujer se casa, de alguna manera se aventura a algo desconocido, siguiendo a un hombre que aún no conoce bien. En la vida de fe sucede algo semejante, pero como se sigue a Dios, es más seguro y desconcertante a la vez.

-En ti serán benditas todas las razas del mundo. En un mundo dividido, Dios ha escogido a un hombre que no tiene tierra propia para empezar el Reino en que reunirá a todos. En adelante Dios escogerá a los pobres y a los que no tienen asegurada su vida, para salvar al mundo. A ellos, tal como a Abraham, les promete la ciudad definitiva (Heb. 11,8).

-Engrandeceré tu nombre. En realidad, Abraham no existía y su nombre iba a desaparecer sin que ninguno lo recordara:

Pero el llamado de Dios le hace surgir de la nada. Empieza a ser persona que vive, bajo la mirada del Dios que vive (Me. 12,26).

La Fe.

Con la partida de Abraham empieza la fe auténtica, propia del pueblo de Dios. Ya en ese primer momento se notan en ella estos elementos:

1) Dios se dirige a una persona, no a una colectividad. La partida de Abraham no se parece a lo que se cuenta de los pueblos que emigraron de un lugar a otro a consecuencia de una indicación divina. Aquí la Biblia muestra como el hombre de fe se deshace de la religión rutinaria y demasiado humana de su grupo para responder a Dios en forma personal: Is. 1,10; 29,13; Mi. 6,8; Jn. 8,30-41; Mt. 10,35-39.

2) La fe nace de un llamado de Dios; uno no tiene el mérito de su propia fe y conversión.

Abraham no fue el que tomó la iniciativa de partir o que inventó una manera nueva de servir a Dios. Tampoco lo invitó Dios con una propuesta a la que pudiera contestar si o no. Dios lo llamó en forma imperativa, y pasó igual con los grandes profetas y santos. Con esto Dios los liberó. Pues a consecuencia del pecado, todo hombre nace y vive como en tierra extranjera. Su propia realidad se le escapa mientras no se ha arraigado en Dios y no está en comunión con él. Sus religiones y sus ideologías, producto de su cultura, no le permiten traspasar los límites de un mundo que hizo a su propia medida. Para que tome conciencia de su vocación, es necesario que Dios lo llame y que acepte salir del círculo fatal.

La fe no es un sentimiento religioso que surge del corazón ante el misterio de la vida. La fe se apoya en una palabra y en una promesa de Dios. Abraham recibió una primera palabra y promesa que guardaron sus hijos. Otras llegaron a lo largo de la historia sagrada, hasta que viniera Jesús, palabra de Dios hecha hombre, al que debemos creer nosotros.

3) La fe nos pone al servicio de la obra de Dios que es salvar a la humanidad: En ti serán benditas todas las razas del mundo. Puede ser que en un primer momento Dios nos atraiga con algún favor personal, pero luego nos participa sus propios proyectos para salvar al mundo. Para seguir a Cristo y formar parte de su pueblo, es necesario creer en las promesas que Dios hizo a dicho pueblo: Dios nos destinó a ser el fermento y la luz del mundo.

4) La fe nos exige una ruptura. Nos obliga a mirar para adelante sin mirar la pérdida del calor y la comodidad del seno materno. El hombre cree superando las «crisis» de su vida: sale de su familia, entra al trabajo, se casa... la fe nos hace ver con optimismo estas rupturas y nos lleva a enfrentar otras rupturas más dolorosas con las que nos ponemos más enteramente al servicio de Dios: la fe es el gran medio para que la persona humana llegue a su madurez.

5) Los que emprenden el camino de la fe no han de ir necesariamente a tierras lejanas, como Abraham; más bien deben llegar al fondo de su propio ser y, para empezar, han de dejar todo lo infantil y lo falso que hay en ellos. Además, a diferencia del hombre «terrenal» que se siente seguro porque toda su vida la constituyó según los criterios de la sabiduría humana y cree saber

a dónde va, el creyente busca los signos que le permiten ver a donde Dios quiere que dirija sus pasos. Hasta el fin de su vida será un errante, en busca de otra justicia y de otra perfección que no es humana (Mt. 5,20; Le. 12,32; Heb. 11,13).

La descendencia de Abraham: ver Mt. 3,7; Jn. 8,33; He. 3,25; 13,26; Rom. 4,13; Gal. 3,8. Abraham y Abraham: Gen. 17,5.

Di que eres mi hermana para que me traten bien en consideración a ti. Algunos se escandalizan al ver el nivel poco elevado de la moralidad de ese tiempo, aún del mismo Abraham. Cuando Dios lo llamó para que fuera su amigo, no lo cambió de repente. Este cambio moral debía hacerse lentamente a través de los siglos: Dios es paciente. Cada cosa a su tiempo.
En esto hemos de reflexionar nosotros, que juzgamos rápida y prematuramente.

Separación de Abraham y Lot.

Se produce una pelea entre los servidores de Abraham y Lot. Abraham antepone la paz a sus propios intereses y deja que Lot elija su terreno.

Si te vas por la izquierda, yo me iré por la derecha. Abraham ya posee las intuiciones de la fe. No sabe que la tierra que va a escoger es solo la imagen de la tierra misteriosa que es el reino de Dios en nosotros. Sin embargo, en vez de escoger él, cede a Lot la primera opción, sin darse cuenta, hace un acto de caridad. Sin quererlo, ha descubierto la tierra verdadera, esto es el corazón del hombre, que es donde se realiza el reino de Dios. Aparentemente, Lot escoge lo mejor. En realidad, lo pierde.

Toda la tierra que ves te la daré para siempre. Dé alguna manera, al no escoger por sí mismo su tierra, Abraham deja que Dios designe la tierra que bendecirá según su promesa. Es la tierra que mana leche y miel, que en lenguaje bíblico designa La bendición de la fertilidad. Pero esta tierra todavía no la poseerá Abraham en propiedad; Dios sólo le promete que será suya. Por el momento se halla ocupada por los cananeos.

Valdría la pena ver porqué durante siglos Dios educó a los hombres con la promesa de una tierra que tuviera que conquistar. Y es que el hombre no puede descubrir su dignidad de hijo de Dios si no tiene esperanzas concretas tales como la tierra y la casa. El hombre no puede desarrollar su personalidad si no tiene algo que cuidar, algo porqué luchar.

Abraham y Melquisedec.

¿De dónde surgió la leyenda que leemos en el presente capítulo y que se insertó muy tarde en la historia de Abraham? ¿Del deseo de añadir algo a su gloria atribuyéndole una hazaña militar?

De todas maneras, Dios autor de la Biblia, quiso que este relato aparentemente sin importancia entrañara dos enseñanzas.

Melquisedec era sacerdote del Dios Altísimo, creador del cielo y de la tierra. No había recibido la palabra de Dios, como Abraham; sin embargo, conocía a su manera al que había llamado a Abraham, y también reconoció a Abraham. El que Dios llamó nunca queda aislado, sino que se le da encontrar otros amigos de Dios. Abraham pagó el diezmo, pero se fue más rico con la alegría de haber escuchado, de boca de este extraño, las palabras que le confirmaban la bendición de Dios. (Ver Le. 1,39)

Melquisedec trajo pan y vino. ¡Qué extraño el personaje de Melquisedec! En el pueblo de Israel, los reyes no eran sacerdotes, ni tampoco se ofrecía pan con vino en los sacrificios. Pero el salmo 110 y, luego la carta a los hebreos (5,6 y cap. 7) ven en este hombre la figura de Cristo, el sacerdote único. Abraham, por grande que fuera, solamente trabaja por preparar la venida del que conseguirá a todas las naciones la bendición prometida por Dios. Aquí aparece veladamente Cristo. Sacerdote y Rey, que consagra el pan y el vino. (Leer Gen. 13,5-18; 14,1-24).

Alianza de Dios con Abraham.

Después de estos hechos, Yavé dirigió su palabra a Abraham, en una visión: «No temas, yo soy tu protector, tu recompensa será muy grande». Abraham respondió: «Señor Yavé, ¿Qué me vas a dar? Yo voy a morir sin hijos, y mis pertenencias pasarán a Eliezer de Damasco. Ya que no me diste descendencia, tendré por heredero a uno de mis sirvientes». Entonces Yavé volvió a hablar a Abraham, diciendo «Tu heredero no será Eliezer, sino un hijo tuyo nacido de tu sangre». Yavé lo sacó afuera y le dijo: «Mira al cielo y, si puedes, cuenta las estrellas; pues bien, así serán tus descendientes».

Creyó Abraham a Yavé, y por eso Yavé lo consideró justo.

Yavé le dijo: «Yo soy Yavé que te sacó de Ur de los caldeos para entregarte esta tierra en propiedad. Abraham le preguntó: «Señor, ¿En qué conoceré que será mía?».

Le contestó: «Tráeme una ternera, una cabra y un carnero, todos de tres años, una paloma y una tórtola».

Y tomando él los animales, los partió por la mitad y puso una mitad frente a la otra. Las aves no las partió. Las aves rapaces revoloteaban sobre los cadáveres, pero Abraham las ahuyentaba.

Cuando el sol estaba a punto de ponerse, Abraham cayó en un profundo sueño y se apoderó de él un terror y una gran oscuridad. Entonces Yavé le dijo: «Debes saber desde ahora que tus descendientes serán forasteros; en una tierra que no es suya. Los esclavizarán y los explotarán durante cuatrocientos años. Pero yo vendré a juzgar a la nación que los tenga sometidos y luego saldrán cargados de riquezas. Entre tanto, tú te reunirás en paz con tus padres, terminando tus días en una vejez dichosa. Tus descendientes de la cuarta generación volverán a esta tierra que no te puedo entregar ahora, porque los amorreos no han merecido todavía que yo se las quite».

Cuando el sol ya se había puesto y estaba todo oscuro, algo como un calentador humeante y una antorcha encendida pasaron por medio de aquellos animales partidos. Aquel día Yavé formó una alianza con Abraham diciendo: «A tu descendencia daré esta tierra desde el torrente de Egipto, al sur, hasta el gran río Éufrates, al norte. El país de los Cineos, los cereceos y los edumeos, los heteos, los fereceos y también los refaítas, los amorreos y los cananeos, los gerseos y los jebuseos».

(Señor Jesús, ¿Por qué Dios padre hace alianzas con los hombres? ¿Es posible que Dios nuestro padre haga una alianza con cualquiera de mis hermanos los hombres?).

«En realidad se han hecho muchas alianzas con muchos hombres, pero como te podrás dar cuenta, solamente hace alianzas con personas de una fe tan poderosa, que es superior a su vida misma, y que tienen un propósito único, de servir a los demás, sin mirar o pensar primero en su comodidad o conveniencia, sino, pensando en que los demás se sientan bien, o que convenga a los intereses de los demás; y mira también que Dios nuestro Padre, no habla directamente con todos los hombres, y es porque no todos los hombres están dispuestos a escuchar la voz de Dios, o algunos quisieran hacerlo, pero no tienen la fe suficiente como para escuchar esa estridente y suave voz.

Con respecto a que si nuestro Padre Dios, haría o no una alianza contigo, es nueve veces probable sobre diez, ya que, si predispones tu corazón y tu mente, a sabiendas que tu vida será el cordero del sacrificio para la alianza, y, tienes la fe del tamaño de un grano de arroz, lo lograras. Y si alguien como tú, se dispone a aquello, también lo logrará, puesto que en mucho tiempo no ha habido alianzas entre Dios nuestro Padre y los hombres. Ya que la fe en los hombres está aletargada, y están viviendo como los animales, sin querer averiguar el por qué viven, y guiados solamente por sus instintos». (**Amén).**

«De aquí en adelante, te llevaré más a prisa, a través del resto de pasajes del Génesis, ya que son demostraciones del cumplimiento de la palabra de Dios nuestro padre. Así, el nacimiento de Ismael; que no es precisamente el hijo de Saray, sino de Agar su esclava, pero como esto no satisface las expectativas de Abraham ante la promesa de Dios nuestro Padre; Abraham pide, y lo hace con fe a Yavé, para que calme sus deseos de tener un hijo con su esposa verdadera, y como la fe de Abraham es tan grande, Yavé nuestro Padre, cumple sus deseos, y por último verás que cumple el pacto de la alianza, al poblar la tierra con la descendencia del padre Abraham. **Ver (Gen. 16,1-16; 17,18).**

Aquello de la circuncisión, era como un distintivo de la prueba de fe y de una casta de seguidores de Dios nuestro Padre, hoy se lo puede hacer por razones médicas, o por simple limpieza sexual, pero esto no significa que, por este mero hecho, sea un predilecto de Dios, sino, como dice en su explicación a este pasaje, la Iglesia Católica, mi hija predilecta «Nada vale la sola circuncisión de la carne, sino la del corazón, es decir, el despojarse de los vicios. Pues el rito exterior no tiene ningún valor si uno no vive lo que expresa este signo». Ver Jer. 9,24; Deut. 10,216; Gal. 5,4; Fil. 3,3; Rom. 2,25».

Yavé visita a Abraham. «Es otro de los pasajes que demuestran la confirmación de la fe de Abraham y el cumplimiento por parte de Dios nuestro Padre, a su palabra pactada con él. Hay también una demostración de desprendimiento y deseo sin segunda intención de esperar recompensa por parte de Abraham, al atender de forma más comedida a los forasteros y brindarles todo lo que tiene, si así hiciesen todos los hombres, cuan feliz harían a Dios, Padre de todos nosotros, y como verían realizados sus deseos y atendidas sus súplicas, ya que siempre se ha dicho, pedid y se os dará.

Es por esta razón que Yavé, a través de sus Ángeles enviados, cumple el anhelo de Abraham, y las súplicas de Sara de tener un hijo, aunque a la edad que parecía un imposible, pero como para Yavé nada es imposible, dice «Dentro de un año volveré aquí. Para entonces, Sara tu mujer, tendrá un hijo». Ver (Gen. 18,1-5).

Abraham ruega por Sodoma. «Ante las múltiples quejas y lamentaciones que la gente hacía de Sodoma y Gomorra, Dios nuestro Padre se encaminaba junto a los dos Ángeles que lo acompañaban hacia esta ciudad, a comprobar por él mismo, y si eran ciertos estos rumores; los castigarían para que paguen así sus pecados; es lo que el escritor bíblico narra en este pasaje. Mas, te diré que en realidad los castigos que el hombre recibe muchas veces, son producto de sus propios errores, ya que construyen las ciudades y conglomerados humanos a los pies de un volcán, a las orillas de un río, en las laderas de una montaña, y así en muchas otras circunstancias que representan un inminente peligro, que tarde o temprano, se convierte en tragedia, y esto atribuyen como castigo de Dios nuestro Padre; así como ciertas plagas o enfermedades incurables, que devastan poblaciones enteras, y a veces hasta generaciones en secuencia hasta llegar a la tercera o cuarta, ya que son de lenta aparición y contagio, así mismo son de lento y mortal descubrimiento de su antídoto».

(Pero señor Jesús, perdona, ¿cómo y cuándo saber que es un castigo de Dios nuestro Padre?)

«Muy sencillo, aunque Dios nuestro padre no es vengativo, ni su placer es castigar al producto más hermoso de su creación que es el hombre; muchas veces nos pone pruebas, que nos cuestan lagrimas superarlas, y mucho peor cuando no estamos preparados o estamos alejados de Dios. Estas pruebas son repentinas, pero momentáneas, en el peor de los casos no sobrepasan el período igual al de la creación de cada uno de los elementos de la tierra, y luego cuando pasa, te produce una sensación de paz y tranquilidad». (Ver Gen. 18, 16-13)

Destrucción de Sodoma. «Este relato bíblico tiene relación con dos acontecimientos, uno de carácter natural y otro de carácter moral: el primero es una erupción volcánica a gran escala, así como un terremoto subsiguiente a causa dicha erupción; el ruego de Abraham a Dios por aquel pueblo, corresponde a la advertencia para que se alejaran de dicho pueblo y huyan hacia lugares más apartados, a donde no los afectara, ni el azufre, ni la lava candente que emanaba de la tierra, destruyendo así con fuego y azufre, como narra la Biblia y luego devastándola por completo con el terremoto subsiguiente.

La gente estaba muy acostumbrada a vivir en esas ciudades de Sodoma y Gomorra, dada a todo tipo de placeres mundanos, ya que habían alcanzado una posición económica preponderante, debido a la fertilidad de esas tierras y a la explotación de un mineral líquido que hoy llaman petróleo u oro negro; era casi imposible tratar de persuadirlos a que dejaran esas comodidades y esos placeres mundanos para que se vayan a vivir a otro lugar; pero he ahí la sensatez de Lot que acata los consejos de los ángeles enviados de Dios, y se aleja a un pueblito pequeño llamado Segor. La mujer de Lot, a un comienzo no quiso irse con él fuera de la ciudad de Sodoma, pero al ver la decisión de su esposo y su familia, trató de seguirlos, mas fue demasiado tarde; una nube incandescente de por encima de los mil grados de temperatura la alcanzó y la petrificó, convirtiéndola en una verdadera estatua de color plomizo blanquecino, que se parecía al color de la sal.

Así mismo el relato subsiguiente de la Biblia, con relación al incesto cometido por parte de las hijas de Lot con éste, es una alusión que se hacían entre pueblos, para degradar su origen, diciendo que son descendientes contaminados de la prostitución a todo nivel, que se vivía en Sodoma y Gomorra, y que, los que habían logrado sobrevivir y formar otros pueblos, estaban contaminados de ella. (Ver Gen. 19,1- 38; 20,1-18)

Nacimiento de Isaac. «En este pasaje, nos explica el escritor bíblico que, Dios nuestro Padre, cumple con sus promesas y no importa ni el tiempo, ni las circunstancias, Dios hace nacer a Isaac y a muchos otros como Samuel, Sansón, Juan Bautista, y otros, nacimientos fura de las leyes normales de la naturaleza, estos nacimientos son el preludio, para llegar a mi propio nacimiento, que es un nacimiento virginal; que más adelante, en el capítulo que corresponde te lo explicaré.

Esta es una demostración de confianza en el cumplimiento de las promesas que Dios nuestro
Padre, realiza cuando hay mucha fe, como la que demostró Abraham». (Ver Gen. 21,1-34)

El sacrificio de Isaac. «Nos dice la madre iglesia católica, mi hija predilecta que:» Dios no deja en paz a sus amigos, sino que los prueba para que crezcan en la fe. Reserva sus mayores dones a los que se mantienen firmes en el momento que él les quita toda esperanza. Abraham ha vivido confiado en las promesas de Dios para su hijo. Ahora, ¿está dispuesto a sacrificar a este hijo y estas promesas? Dios le ha puesto en un camino. ¿Qué hará el día que el camino esté cerrado?

Después de la prueba, Abraham sabrá que ama a su hijo de la manera que Dios quiere, porque prefirió a Dios antes que a su hijo. Sabemos con seguridad que Dios aprueba nuestra dedicación a tal o cual obra, si es que en alguna oportunidad le hemos demostrado que estamos dispuestos a dejar incluso esta obra, porque él lo quería así...

Sacrificar a sus hijos era costumbre religiosa común a los habitantes de Canaán, los cuales pensaban que, para ser legítimamente padres debían sacrificar a Dios el primer hijo varón. Seguramente que Abraham aprobaba estas costumbres; el sacrificio que Dios le pidió no le pareció, como a nosotros algo inhumano. Pero si era el sacrificio de todas sus esperanzas. Y Dios le pidió este sacrificio en forma tan brutal para que fuera el modelo de otros padres a los que pide sacrificar el tiempo y los cuidados que deban a sus propios hijos...

(Perdona madre iglesia, pero tengo algunas preguntas que hacer a mi amado hermano Jesús,

¿Por qué Dios nuestro padre, pide sacrificar animales, y en esta vez hasta la vida de un ser humano?)

«Pon atención a la explicación que te voy a dar, para que quede claro, y no se vuelva a confundir la humanidad entera.

En los principios de la creación, y cuando el hombre pudo valerse por sí mismo, y procurarse su alimento, Dios nuestro Padre le ordenó sacrificar un animal de sus rebaños, el primogénito, macho, el más robusto y mejor, porque es el alimento preferido de Dios». **¿Qué, Dios nuestro Padre, ¿también se alimenta como nosotros?** «Exactamente como nosotros no, pero sí como nos alimentamos los seres celestiales, que no estamos en cuerpo físico como vosotros». **(Perdona señor, pero me confundes** y **preocupas a la vez).** «Te lo pondré más fácil, para que entiendas como haría un niño. ¿. ¿Has visto alimentarse a un picaflor? Pues de la misma manera tomamos nuestro alimento, sin maltratar ni dejar huellas en ninguno de ellos, y en lo que concierne a los animales, tomamos la parte que al cocinarse sale de ellos y se eleva al espacio. Es por eso por lo que la misión del hombre es vivir y alimentarse bien, para que Dios nuestro Padre viva y se alimente bien. Pero aquí surgió una confusión en los inicios de la humanidad, la cual fue corregida con la petición que Dios hizo a Abraham, de que sacrificara a su hijo primogénito, luego le explicó que no era eso lo que él realmente quería, y puso un camero en su delante, para que lo sacrificara y así poder él alimentarse, ya que en esos tiempos muy poco se alimentaban de los animales, en lo que concierne a su carne, luego de allí hasta hoy es distinto. Así Dios nuestro Padre, como dirías tú en broma, mató dos pájaros de un tiro; probó la fe y lealtad de Abraham hacia él, y abolió completamente el sacrificio humano, hasta cuando yo fui el cordero del sacrificio, para la salvación de la humanidad, esto, te lo explicaré en el capítulo correspondiente. (Ver Gen. 22,1-24)

La **tumba** de **Abraham** y **Sara.** «La explicación de la iglesia católica, mi hija vale escucharla». Abraham recorrió Palestina sin tener en ella ni siquiera donde poner un pie (Hechos 7,9); todo lo tiene en promesa, y por eso es el modelo de los creyentes que hasta la muerte vivimos esperando las promesas de Dios. Sin embargo, la muerte de Sara le da la oportunidad de comprar, por lo menos, el lugar donde enterrarla. Ver (Gen. 23,1-19).

Eliezer busca una esposa para Isaac.

"No tomaras para mi hijo una mujer entre los cananeos". Pues Isaac es el «hijo de la promesa», el matrimonio de su hijo con una cananea, acostumbrada a los cultos paganos, pondría en peligro esta fidelidad.

También Rebeca, para entrar en la familia de Abraham y ser madre del pueblo elegido, debe abandonar su casa y su tierra.

Vale la pena profundizar este primer matrimonio relatado por la Biblia. Es cosa santa, no tanto porque se recibió una bendición, sino por la manera en que los novios se buscaron y se encontraron: primeramente, se buscó la fidelidad al plan de Dios, y a partir de esto decidieron el matrimonio. "Haz que sea ella lo que tú has destinado para Isaac". Dios guía a los que al contraer matrimonio desean antes que nacía hacer su voluntad; les hará encontrar la persona que les permita realizar mejor este deseo. Esta será la lección del libro de Tobías. Ver (Gen. 24,1-67).

Abraham y sus descendientes.

Madán, Madián, Saba, Dedán: éstos son nombres de tribus y pueblos de Arabia. Porque los Israelitas los consideraban parientes de ellos por la raza y el idioma, quisieron que también ellos fueran descendientes de Abraham. Ver (Gen. 25,1-20).

Nacimiento de Esaú y Jacob.

Al comienzo del capítulo 12 notamos como los autores del Génesis, al contar la vida de su antepasado Abraham, habían dibujado la figura del padre y modelo de los creyentes. Los Israelitas, sin embargo, se llamaban con preferencia «hijos de Jacob», a éste lo presentaron con trazos más humanos y menos idealizados. Si bien es cierto que miraban a Abraham como modelo, se reconocían mejor con Jacob, el hombre astuto y algo tramposo, pero firme en la fe,

Dios se ha comprometido con los descendientes de Abraham, pero deja de manifiesto que se queda libre de escoger entre esos descendientes a quien será el beneficiario de sus promesas. Estas no van al hijo mayor, al primogénito de Isaac que, según las costumbres de muchos pueblos, heredaban casi todas las prerrogativas del padre. "Dos naciones hay en tu seno". No olvidemos que, en esta historia de Abraham y sus descendientes, escrita siglos después de los acontecimientos, cada personaje representa algún pueblo del medio Oriente. Lo mismo como Jacob - Israel era el antepasado del pueblo del mismo nombre, así también Esaú, o Edom (25,31) era considerado antepasado del pueblo de Edom, vecino y rival de los Israelitas... Ver (Gen. 25,20-34).

Sucesos de la vida de Isaac.

Respecto al párrafo Gen. 26,7-11, ver Gen. 20,2.

En los párrafos Gen. 26,12-33 nos topamos con dos realidades típicas de la vida de los patriarcas: son errantes que viven bajo tiendas de campaña; van en busca de agua y cavan pozos (Ver Gen. 21,21-34). - viven bajo tiendas de campaña, es decir en lo provisorio. La Biblia aprecia la labor del hombre para construir en este mundo algo que dure; elogia la fundación de un hogar, la plantación de una viña, la edificación de una casa (Deut 20,5-7). Pues todo esto se relaciona con la misión creadora del hombre. Pero también recuerda como un ideal que no debe perderse, la vida errante de los antepasados. El creyente no se apega a nada de este mundo, ya sea familia' patria o modo de vida. Levanta su tienda en cualquier lugar donde pueda ampliar su experiencia, pero no se fija en ninguno. Viviendo como forastero en este mundo, le será más fácil encontrar a Dios, que, pasa como forastero entre nosotros...ver (Gen. 26,1-35).

Jacob se roba la bendición. - Este es un pasaje en donde el escritor bíblico pone de manifiesto, en primer lugar, una forma de atacarse entre pueblos del oriente medio es decir que son descendientes de un Jacob, sabido, buscador de oportunidades para aprovecharse de cualquier circunstancia para beneficiarse personalmente, tanto es así que es capaz de robarse la bendición de su anciano padre, y por supuesto todo lo demás que en esos tiempos acompañaban a dicha bendición.

También nos pone de manifiesto algo que sucede hasta hoy en nuestros tiempos, y que se extenderá al resto de generaciones venideras; y es la complicidad de muchos padres para consentir privilegios a ciertos hijos, cosa que está muy mal, ya que todos deberían tener iguales oportunidades (Ver Gen. 27,1- 46) - (Gen. 28,1-9).

Sueños de Jacob. - «La interpretación de mi amada hija es válida en estos pasajes».

Jacob fue de Bersebá a Jarán, Jacob va a buscar trabajo y esposa a la tierra de sus antepasados. En el camino tiene una visión, en que Dios renueva con él su alianza. A diferencia de Abraham, que Dios llamó cuando ya era anciano y conocía lo que vale la vida, Jacob es el hombre que poco a poco toma conciencia de su vocación. Primero compró a Esaú sus derechos de primogénito, porque lo había juzgado y lo consideraba irresponsable; no por eso sabía el precio de la bendición de Dios a sus padres. Luego fue necesario que su madre le diera ánimo para que se arriesgara a robar la bendición. Él se dejó persuadir y solamente después comprendió las consecuencias de su gesto: debía huir para salvar su vida.

Pero el momento en que Jacob debe enfrentar la vida azarosa de un forastero y prófugo, encuentra a Dios y toma conciencia de su propia responsabilidad: él es en el mundo el único portador de las promesas de Dios. Responsable es la persona que debe dar cuentas, y que es capaz de responder de sus actos. Jacob entiende que deberá responder ante Dios que lo ha elegido.

Dios está en este lugar. Jacob se acuesta sólo e indefenso, próximo a una ciudad poblada por extranjeros. Dios, sin embargo, le renueva la promesa hecha a sus padres y le asegura su protección: esta tierra algún día será suya.

Esta es la puerta del cielo, Jacob ha visto el cielo abierto y los ángeles de Dios que hacían un puente vivo entre el cielo y la tierra: es la figura de la comunión con Dios que los hombres buscan en vano con sus tan diversas religiones. Estas no proporcionan algún conocimiento de Dios, como de afuera, y pueden satisfacer nuestra sensibilidad religiosa. El hombre pecador, sin embargo, por más que interiorice su búsqueda de Dios, no lo puede encontrar en el fondo de sí mismo en un encuentro directo personal.

El único puente entre Dios y los hombres es Cristo, hijo de Dios hecho hombre. Dios y hombre a la vez. Jesús, aludiendo al presente texto (Jn. 1,51). Afirmará que el mismo es la puerta del cielo, porque, en su persona. Dios ha estrechado a la humanidad.

Le puso el nombre de Betel. Aquí encontramos, como en capítulos anteriores, leyendas populares. Betel significa casa de Dios, y el escritor bíblico atribuye a Jacob esta apelación, así como la costumbre que hubo un tiempo de pagar el diezmo para el templo de Betel.

Los sueños.

A todos nos impresionan los sueños y tratamos de interpretarlos. Las más de las veces no anuncian nada, sino que indican lo que está pasando en nuestro interior, en nuestro subconsciente, lo que no podemos conocer claramente de nuestro propio espíritu. La psicología puede valerse de los sueños para para descubrir huellas y heridas causadas en el pasado.

Los sueños pueden también indicar y expresar presentimientos e intuiciones. Y la Biblia nos muestra a Dios (o sus ángeles) que se vale de los sueños para comunicarse con nosotros. En eso Dios toma al hombre tal como es y teniendo en cuenta su manera de pensar. «Cuando Dios interviene en un sueño, se reconoce por las consecuencias. El árbol se conoce por sus frutos», dice Jesús. En tales casos. Dios mismo da la interpretación, sin que haya que buscar ni recurrir a nadie.

Los hombres que tienen una fe purificada e instruida no pueden atribuir a los sueños la importancia que le daban los pueblos primitivos de la Biblia. Y sabemos que el espíritu de las tinieblas puede disfrazarse de ángel (2 Cor. 12,10). Cuando ahora amplios sectores de la humanidad tienden a dirigir su vida por medio de los sueños, esto no tiene nada que ver con la fe. En la misma Biblia, además de las condenaciones de Deut. 18,10 se puede ver el ataque de Jer. 29,8 contra los que provocan los sueños que desean. Ver también en eclesiástico 34,1 lo que dice uno de los sabios de la Biblia.

Los capítulos 29-31 presentan la personalidad de Jacob, trabajador esforzado, astuto, confiado en las promesas de Dios. Al final logra éxito, menos por sus propios recursos que por la bendición del Dios de sus padres.

Jacob lucha contra Dios.

Las bendiciones de Dios acompañan a Jacob prófugo. Trabajador incansable, depuse de quince años, tiene dos esposas, numerosos hijos y enseres sin número. Entonces es cuando vuelve a su patria, y se prepara para enfrentarse con Esaú; su hermano y rival.

Jacob tuvo mucho miedo y se despertó. Angustiado Jacob elevó una oración a Dios recordándole precisamente su promesa y sus «fidelidades», o sea, todo lo que hizo por él y sus padres. Y Dios responde a su manera, en forma algo misteriosa, en la visión de la noche.

Un hombre luchó con él hasta el amanecer. Es un enfrentamiento entre Dios y Jacob. Dios acepta ser vencido y confirma su bendición.

Algunas veces uno se descubre a sí mismo en el sueño, mejor que estando despierto. Así pasa con Jacob; al luchar esa noche con Dios, comprende que sus trabajos y pruebas han sido más que un enfrentamiento con la sociedad y los hombres, una lucha con Dios. El prometió el éxito, pero no lo dará antes de que Jacob haya llegado al extremo de sus fuerzas.

Y porque Jacob comprende mejor el motivo de tantas pruebas y demoras, también se dirige personalmente al que ahora le tiene el camino cerrado y solo puede cambiar las disposiciones de Esaú. Jacob se hace fuerte contra Dios; no le pide un favor, una ayudita, sino que le exige que cumpla sus promesas: no te soltaré antes que me hayas dado tu bendición.

La oración de Jacob es la actitud resignada que, según algunos, caracteriza al buen creyente. Orar no es solamente aceptar la voluntad de Dios como cosa escrita de antemano en el cielo, o pedirle fuerzas para aceptarla; también es presionar a Dios, confiando en sus promesas y a sabiendas de que nos atiende. Si no pudiéramos tener alguna parte en las decisiones divinas que a nosotros se refiere el o al gobierno del mundo, la palabra alianza sería un engaño.

En las encrucijadas de la vida, el creyente, apretado entre la posibilidad de estancarse o superarse, sabe que Dios le dará esto último, con tal de que se le pida con fe.

Le dislocó la cadera. Jacob se enfrenta con Dios cuando, después de su largo exilio, quiere forzar la entrada de la tierra prometida. En realidad, entrar en la tierra no es otra cosa que adentrarse en el misterio de Dios que nos quiere compartir su vida, y eso no es posible para el hombre que se siente fuerte, seguro de sí mismo y de sus caminos. Por esto cuando estamos por entrar, Dios nos viene a probar. Sea cual sea el golpe o el percance o la crisis que atravesamos, nos deja heridos y ya como extranjeros en este mundo. Jacob entra cojeando en la tierra prometida porque también Jesús la reserva a los que lloran, a los que tienen hambre de rectitud, a los no violentos.

En adelante te llamaran Israel. No se pierde el nombre de Jacob ni lo que expresa este nombre: el activista, el tramposo. Pero será al mismo tiempo Israel: fuerte contra Dios. Jacob Israel, ése será el nombre del pueblo que se va formando con los descendientes de Abraham. Israel, en la Biblia, no cesará de pecar y Dios lo doblegará mil veces. Sin embargo; Dios siempre se dejará vencer y perdonará cuando le recuerden sus promesas.

Después de la victoria de Jacob, los acontecimientos tienen que someterse a los planes de Dios. Esaú no obstaculiza la vuelta de Jacob a la tierra de sus padres. Ver (Gen. 32-34).

Jacob en Betel

(Gen. 3 5) Uno puede vivir su fe quedándose solo. Por eso Jacob exige de toda su gente que se deshagan de sus ídolos; al dar este paso concreto y visible, que significa para ellos un sacrificio grande, pasa a ser la primera comunidad capaz de dar al mundo el testimonio de su fe en el Dios único.

(Gen.36) Cuando el pueblo hebreo redactó las tradiciones, o sea, lo que se recordaba y se contaba sobre sus antepasados, estaba integrado por doce tribus. Y hacía remontar cada una de ellas a un hijo de Jacob. En la Biblia hay cifras simbólicas que indican que Dios es orden y poesía.

Así, los doce hijos de Jacob, las doce tribus, los doce apóstoles. Hay otras cifras sagradas: 7, 70; 40. No hay que tomarlas siempre al pie de la letra, sino más bien interpretarlas como símbolos de plenitud.

Cristo recordará esta estructura antigua del pueblo hebreo cuando funde su iglesia como el nuevo pueblo de Dios y escoja a los doce apóstoles para dirigirla.

(Gen.38) de las doce tribus predominaron dos, la de José y la de Judá.

Ver al respecto comentario de Josué 13. Por ello las tradiciones sobre los «patriarcas», o sea, los padres, nos hablan especialmente de esos dos hijos de Jacob.

En el suceso que viene a continuación, el patriarca Judá no aparece en un papel honroso, según nuestras ideas cristianas. Sin embargo, en ese tiempo de costumbres y de moralidad muy primitivas, la Biblia no insiste tanto en el aspecto de la moralidad sexual, sino más bien en el deber de tener lujos para hacer efectivas las promesas de Dios a los antepasados.

El pecado de Onán consiste en haberse negado a engendrar un hijo que después no le pertenecería (sobre esta obligación de dar un hijo a la viuda de su hermano véase Rut 3,7).

Y la nobleza de Tamar está en la voluntad de buscar por todos los medios un hijo que lleve el nombre de su primer esposo, Er, y que, por lo tanto, sea el heredero de Judá. Raras veces intervienen en la Biblia. Cuando aparecen es, muy a menudo, para dar a los hombres una lección de humanidad. Aquí, Judá, después del suceso que hizo entrar a Tamar en su vida, se pone a reflexionar, lo que significa algo nuevo en su conciencia.

Tamar aparece en la lista de los antepasados de Jesús (Mt. 1,3).

Por dar continuidad a los acontecimientos llevados a cabo por los relatores de la Biblia se ha adelantado el capítulo 38 y luego vendrá el 37, saltando posteriormente al 39; para que la historia de José quede completa.

José y sus hermanos.

(Gén.37) La historia de José empieza aquí y sigue hasta el final del Génesis, como una transición entre los patriarcas y los acontecimientos del éxodo, que vendrán después.

José, el penúltimo de los hijos de Jacob, es presentado como el más importante de los doce hermanos. Los sueños del joven José nos indican que todo lo que va a ocurrir no es pura casualidad, sino que sirve a los planes de Dios: por medio de él Dios salvará del hambre a toda su familia.

La larga historia tan conmovedora de José, vendido por sus hermanos, salvador de ellos, es en la Biblia la primera figura de la Pasión, de la Muerte y Resurrección de Cristo.

Jacob lo prefería por ser el hijo de su vejez, el hijo más querido y también el más delicado. Entre sus hermanos, rudos y poco escrupulosos, José demuestra nobleza: desde su juventud ese hijo de pastores manifiesta que está hecho para grandes cosas.

Al ver esto lo odiaran. Esta será también la suerte de Cristo, odiado por sus hermanos porque dice la verdad y no tiene pecado.

¿Qué sueño es ese que has tenido? Lo mismo se asustarán los sacerdotes judíos cuando Jesús les anuncie su segunda venida gloriosa.

Miremos como la envidia llega hasta la locura y el crimen entre hermanos. Dios acepta que los hermanos sigan caminos opuestos, unos hacia el bien, otros hacia el mal, pero no quiere que los «buenos» se aparten y se olviden de los «malos». José salvará a sus hermanos.

El presente relato nos invita a ver el papel de la prueba para llamarnos a una vida más espiritual. Esta vida espiritual más profunda nos lleva a su vez a una vida familiar y social más fecunda.

(Gén. 39) Después de su desgracia, José se muestra como modelo de honradez, de fidelidad y de constancia. Es el primero de esos justos humillados de la Biblia que esperan de Dios su premio.

En la Biblia hubo muchos hombres libertadores y salvadores antes que llegara el salvador hijo de Dios. Todos fueron probados antes de tener éxito; muchos fueron despreciados por los suyos.

Lo de José con la esposa de Putifar es una lección de verdadera hombría. En los ambientes que no conocen a Dios se considera más hombre al que tuvo más mujeres. La Biblia ve en la fidelidad y el respeto al matrimonio una de las virtudes del hombre auténtico. Más tarde, el Evangelio propondrá la castidad a ejemplo de Jesús (ver Mateo 19,10).

Esos sueños y los sucesos que los acompañan nos pintan al vivo el drama que vivía Egipto entre lluvias, riegos y sequías. La tradición hebrea atribuye a José la organización estatal que almacena los excedentes con miras a la sequía. Siendo un pueblo pobre y poco culto con relación a Egipto, los hebreos se atribuían así un motivo de orgullo. Les gustaba describir a su antepasado como el hombre que había salvado a Egipto.

Se insiste en la fidelidad de José y en que Dios nunca le falta. En un tiempo en que todavía los hombres no sabían que Dios atribuye a los justos el bien que hicieron, después de la muerte, se insiste en que el justo José recibió en esta vida el premio de su constancia. (Ver Gén. 40-41).

Empieza el largo relato del encuentro de José con sus hermanos. Aquí las tradiciones detallan y hasta repiten, con algunas diferencias, sucesos que tenían todo el interés de una novela, pero que no agregan elementos notables a la historia de la salvación.

Nótese como José, el salvador, obliga a sus hermanos a expiar el crimen que cometieron. Uno de ellos debe sacrificarse por su hermano, antes de que él se dé a conocer. El perdón no suprime la necesidad de reparar el mal que hemos hecho. (Ver Gén. 42-45).

Jacob viaja a Egipto.

Las aventuras de José tienen aquí una consecuencia de importancia. Jacob viene a Egipto con toda su familia. Los hebreos vienen a radicarse en Egipto y parecen olvidar la tierra de Canaán que Abraham y Jacob habían recorrido con sus rebaños y que Dios les había prometido. En Egipto se van a quedar algunos siglos, hasta que Moisés los conduzca de vuelta a la tierra de las promesas. La visión que sigue es una manera de decirnos que esta larga demora formaba parte del plan de Dios: para aquellos a quienes Dios dirige, nada sucede por simple casualidad.

En Egipto, las tierras pertenecían a Faraón; una administración muy estricta le permitía de todos los agricultores parte de su cosecha. El presente capítulo atribuye a José dicha organización. No es más que una leyenda como lo notamos respecto de 3.

Las doce tribus de Israel eran en realidad trece. Pero las de Efraín y Manasés se llamaban juntas tribus de José. Así se logra la cifra de doce. El presente capítulo explica esta particularidad. Efraín y Manasés serán considerados como dos hijos de Jacob en reemplazo de José. La bendición de Jacob va, como la de Isaac, su padre, no al mayor, sino al menor de los hermanos. Dios da sus favores a quien quiere, y no según el derecho de sucesión ni según el deseo de los padres.

A Jacob moribundo se atribuye la «bendición» a sus hijos, que más bien se dirige a las doce tribus que llevaban sus nombres. Los que escribieron estos relatos, seis siglos después, veían el destino desigual y como la personalidad propia de cada una de las doce tribus. Pusieron en la boca del padre Jacob la bendición que anunciaba esta suerte diferente como para mostrar que todo lo que sucediera después de él era la realización de las promesas de Dios al padre de las doce tribus.

Se destacan las tribus de Judá y de José. A Judá se le profetiza que su tribu dominará sobre las demás hasta que venga el salvador, «el que va a recibir el mando». En realidad, de la tribu de Judá van a salir los reyes del pueblo de Dios, y después de ellos, Jesús. Judá es entonces el que recibe las promesas hechas a Abraham y Jacob.

A José se le profetiza grandeza y prosperidad material.

Nótese como mueren Jacob y José, esos creyentes de tiempos antiguos que no sabían de la resurrección de los muertos. Habían vivido plenamente la vida que Dios les daba en esta tierra, llevados por la certeza de que, siendo fieles a su misión, trabajaban por un mundo mejor que verían sus descendientes. La vejez larga y dichosa que Dios les concedía al final de sus pruebas les daba a entender de alguna manera que, para alcanzar la vida, uno debe pasar por la muerte y renunciar a sí mismo.

Sin embargo, mientras no tenían esperanza para sí mismos más allá de la muerte, ¡Cuánto les faltaba para ser personas auténticas y reconciliadas consigo mismas! Pensaban que, al morir el hombre, algo de él iba a vivir debajo de la tierra junto con sus padres, en un lugar en el que Dios estaba tan ausente como las inquietudes y la bulla de los vivos. Así, pues, Dios su amigo y fiel defensor ¡dejaba que lo perdieran para siempre! Seguramente que debían reprimir sus anhelos y acallar sus dudas para convencerse de que esto era lo bueno y lo justo.

Sus esfuerzos por resignarse hacían de ellos hombres graves, concienzudos, sometidos a la voluntad misteriosa de Dios; pero, a cambio de esto, se les escapaba la alegría, la espontaneidad propia de los niños y el amor apasionado por su salvador. En esto no diferían mucho de los ateos buenos o de los creyentes de buena voluntad, pero poco instruidos, que viven sin la fe en la resurrección. (Ver Gén.46-50)

(Perdona amado Jesús, y **querida iglesia que haga un comentario personal, a estos últimos pasajes de la Biblia;** y **concretamente a la vida,** y **muerte de Jacob** y **José.)**

En realidad, y a veces por cumplir con los designios de Dios nuestro Padre, Jacob y toda su familia, son llevados inconscientemente a engrosar la fila de esclavos del pueblo de Israel que vivían y servían a Egipto y a Faraón. Algo parecido nos sucede a muchos seres humanos hoy, provenientes de cualquier país subdesarrollado, que muchas veces nos volvemos esclavos voluntarios y arrastramos a esa esclavitud voluntaria a nuestras familias en la mayoría de los casos.

Algunos, pocos, tienen la oportunidad de retornar con sus huesos a su tierra natal; pero muchos, desperdigan sus huesos en otros lares, lejos de esa tierra que los vio nacer, pero que no los verá morir y no los tendrá en su seno para siempre). (Amén).

Éxodo.

INTRODUCCIÓN AL ÉXODO.

El Éxodo es la salida de Egipto. Esta es en la Biblia, la gran hazaña de Dios: la salida del país de la esclavitud hacia la tierra prometida. Dios libera a su pueblo «con gran poder, mano fuerte y brazo extendido», abriendo un camino en el mar.

El Éxodo es el corazón del antiguo testamento, y aquello que le da su significado al presentarnos un Dios que libera a los hombres. ¿Cómo pues, hay que explicar que tantos hombres no creyentes digan: «el miedo creó a los dioses» y Lenin agrega en su libro «Socialismo y Religión»: «la religión, adormeciendo con la esperanza de una recompensa celestial a quien pena durante toda su vida en la miseria, le enseña la paciencia y la resignación»?

Pero no es así. En el Éxodo, Dios no viene a infundir el temor, sino que escucha el gemido del pueblo oprimido, le da confianza, despierta en él la esperanza de una liberación real y completa, suscitando un líder generoso. El Éxodo es como el ejemplo de todas las verdaderas liberaciones humanas.

Para entender esta partida del pueblo de Dios es necesario profundizar la situación histórica.

DATOS HISTORICOS.

Por los años 1250-1230 antes de Cristo se está debilitando el famoso reino del Faraón Ramsés II; en su largo reinado ha exigido demasiados sacrificios a su pueblo con la construcción de más templos y otras obras de arte que cualquiera de sus predecesores.

En la provincia de Gosén viven las tribus hebreas originarias de Babilonia y llegadas cuatro siglos antes con sus rebaños. Entre ellos están los «hijos de Jacob», descendientes de Abraham, Poco a poco fueron sometidos por los egipcios: los hombres tuvieron que servir de obreros en las obras públicas fabricando millones de ladrillos. Egipto es un estado sumamente organizado: sabe sacar el mejor provecho de los esclavos y mantener el orden; en varios lugares se notan vejaciones y sangrientas represalias. Es entonces cuando varios de ellos tratan de volver al país de sus antepasados.

Es el momento en que Dios se hace responsable de la salida (Éxodo quiere decir salida), dirigida por Moisés.

En adelante, Israel será el pueblo de Dios, diferente de los demás pueblos de la tierra, con la misión de dar a conocer al Dios que lo liberó.

Éxodo Capitulo #1

Los hebreos se multiplican en Egipto.

"Estos son los nombres de los hijos de Israel que llegaron con Jacob a Egipto, cada uno con su familia: Rubén, Simeón, Levi, Judá, Isacar, Zebulón, Benjamín, Dam, Neftalí, Gad, y Aser. Los descendientes de Jacob eran 70 personas, pero José estaba ya en Egipto.

Murió José, todos sus hermanos y toda aquella generación, pero los hijos de Israel, muy fecundos, se multiplicaron mucho. Llegaron a ser tan numerosos, que los había en todo el país.

LOS EGIPCIOS SOMETEN A LA ESCLAVITUD A LOS HEBREOS

Un nuevo rey gobernó Egipto. Éste no sabía nada de José, y dijo a su pueblo:

<< Fíjense que los hijos de Israel forman un pueblo más numeroso y fuerte que nosotros; por esto, tomemos precauciones contra él para que no siga multiplicándose, no vaya a suceder que, si estalla la guerra, se unan a nuestros enemigos para luchar contra nosotros y así salir del país. >>

Entonces les pusieron capataces a los Israelitas, haciendo pesar sobre sus hombros duros trabajos, y así edificaron para Faraón las ciudades de almacenamiento: Pitom y Ramsés. Pero mientras más los oprimían, tanto más crecían y se multiplicaban, de tal modo que los egipcios llegaron a temer a los Israelitas.

Los egipcios trataron cruelmente a los hijos de Israel haciéndolos esclavos, les amargaron la vida con duros trabajos de arcilla y ladrillos, con toda clase de labores campesinas y toda clase de servidumbres impuestas por crueldad.

El rey de Egipto también dio orden a las parteras de las hebreas, una de las cuales se llamaba Sefrá y la otra Púa, diciéndoles: <<cuando asistan a las hebreas, fíjense bien en el momento que dan a luz: si es niño, háganlo morir; y si es niña, déjenla con vida. >>

Pero las parteras temían a Dios y no hicieron lo que les había ordenado el rey de Egipto, sino que dejaron con vida a los niños. Entonces el rey llamó a las parteras y les dijo: << por qué dejaron con vida a los niños? >> Las parteras respondieron: << es que las hebreas no son como las egipcias. Son más robustas y dan a luz antes que llague la partera. >>

Y Dios favoreció a las parteras. Por haber temido a Dios, Dios les concedió numerosa descendencia, y el pueblo se multiplicó y se hizo muy poderoso.

Entonces Faraón dio esta orden a todo el pueblo: << Echen al río a todo niño nacido de los hebreos, pero a las niñas déjenlas con vida. >>

(¿Señor Jesús Que nos puedes decir al respecto de este pasaje de la Santa Biblia?)

<< Mira Edmundo, desde que el hombre desobedeció a Dios nuestro Padre, y fue echado del paraíso, él ha tratado de someter a la esclavitud a su propio hermano; como en el caso de Caín con su hermano Abel, al verse incompetente contra su propio hermano, quiere demostrar su superioridad volviéndole su esclavo y al no poder hacerlo, opta por eliminarlo. Es así como nace ese virus interno que lleva dentro la humanidad entera, desde los comienzos de su existencia, hasta hoy en nuestros días y hasta cuando al fin sea purificada con el fuego de la salvación divina, el día de su extinción total.

Por esta razón, desde el comienzo de la humanidad, como conglomerado social, cuando más de dos se juntan, el uno trata de esclavizar al otro, a veces hasta en una forma inconsciente; de allí que, si por cualquier circunstancia el otro es más débil, ya sea física o mentalmente, es sometido a una esclavitud por el mismo aceptada.

Eso es lo que ha pasado siempre, es esto, lo que pasa hoy, y es aquello, lo que seguirá pasando hasta el fin de la humanidad, si es que no se conciencia el mismo hombre de esta triste y cruel realidad, y no cambia de actitud y no toma conciencia que vine yo para salvarlos de aquella esclavitud, y que entregué mi vida en nombre de esa salvación de la esclavitud del pecado, de la esclavitud de la actitud mental de ser superiores o inferiores a los demás, yo vine a darles la pauta de que hay un punto de equilibrio en la humanidad, y ese punto de equilibrio es, pensar que todos somos iguales ante los ojos de Dios nuestro Padre; y que el que se cree demasiado poderoso o superior, mire a los demás como sus semejantes e iguales, y no como sus esclavos; y que los demás, miren a éstos como sus semejantes iguales, no como seres superiores, sino como seres que supieron sacar ventaja, ya sea de su condición social, económica o mental, eso es todo, que todos tenemos exactamente las mismas características, mentales y espirituales, con las cuales nuestro Padre Dios nos creó, solamente así se liberarán de la condición de esclavitud en la que viven, si toman conciencia de esto que hoy les digo, podrán mejorar su condición de vida, todos, tanto los esclavos como los esclavizadores, ya que ellos inconscientemente, son esclavos, esclavos de su arrogancia, esclavos de sus propios deseos y ambiciones desmedidas de tenerlo todo, sin importarles nada ni nadie, sin importarles la forma en la que lo obtengan, con tal de saciar sus descontrolados perversos deseos.

Lo que pasó con los hebreos, es exactamente el prototipo que se ha desarrollado durante todo el resto de la humanidad, para llegar a la esclavitud. Empieza con el deseo de parecerse a los que creemos superiores a nosotros, que queremos tener, lo que ellos han llegado a tener y que como no sabemos cómo lo obtuvieron, la única forma es pidiéndoles consejos o sugerencias, desde allí empieza muchas veces el largo camino de la esclavitud, porque no somos capaces de utilizar las herramientas que Dios nuestro Padre nos dio, y, de saber que nos creó como seres capaces de realizar cualquier cosa que nos propongamos, dentro de los principios de justicia y equidad, sin causar daño a los demás, y renunciando al valor material que tienen las cosas terrenales, para poder llegar limpios ante los ojos de Dios nuestro Padre; que no quiere estar rodeado de esclavos, sino de seres libres, que lo miren como un Rey de Amor y no de terror.

Esto sucede hasta nuestros días, y sucederá mañana con las nuevas generaciones, si no se conciencian de lo que acabo de decirles; poco a poco van esclavizándose voluntariamente al emigrar de la tierra que sus padres les dieron, van engrosando las filas de esclavos en ciudades y pueblos extranjeros, al igual que los hebreos, luego llevan a sus familias completas en muchos de los casos, al igual que los hebreos y así llegan a convertirse en verdaderos pueblos esclavos, al igual que el pueblo hebreo lo hizo en su tiempo.>>

Moisés salvado de las aguas

<< Por ser los capítulos siguientes, parte de leyendas populares del pueblo hebreo, y también muy conocidas y divulgadas por casi todos los hombres y en todos los tiempos; dejare que la opinión de mi amada hija la Iglesia Católica sea válida, y solamente intervendré cuando lo juzgue sumamente necesario. >>

La liberación del pueblo hebreo empieza con un acto sencillo, solitario, el de esta madre que para salvar a su hijo arriesga su propia vida.

Es la manifestación del amor materno. Es el acto de rebeldía de una conciencia que no acepta una ley inhumana. Es el acto de la fe de la madre que presiente el porvenir maravilloso que Dios abre a una vida nueva, y que, al mismo tiempo, sabe que son la esperanza de su pueblo (ver hebreos 11,21)

Los historiadores explican que los detalles de este relato fueron inspirados por la leyenda del rey Sargón, salvado de las aguas cuando niño. Quizá. Pero Israel sabía que Moisés había sido liberado del destino común de todos los hebreos.

Dios va a prolongar este primer gesto liberador. Da al niño la oportunidad de recibir, en la corte del Faraón, una educación que nunca habría tenido dentro de su familia. El que iba a liberar a los esclavos necesitaba saber lo que era la libertad, porque había gozado de ella; pues ellos ni siquiera sabían lo que significaba ser persona libre.

Primer compromiso de Moisés

Moisés lleva una vida de Príncipe. Sin embargo, sale al encuentro de sus hermanos de condición inferior.

Comprobó sus penosos trabajos y vio… no hizo como tantos privilegiados de la cultura que no ven ni se sienten solidarios de su pueblo: evasión de los capitales, fuga de los cerebros. No cerró los ojos voluntariamente, como aquellos que reniegan de su familia humilde o no se solidarizan con sus compañeros para ser admitidos en un ambiente superior o para ser bien considerados con sus jefes.

De inmediato moisés se pone de parte de sus hermanos. Pero al día siguiente descubre otro aspecto del mal: sus hermanos no son víctimas inocentes. La opresión que padecen tiene algo que ver con la violencia, con la maldad y la irresponsabilidad que existe entre ellos. No son respetados por los egipcios, pero tampoco se preocupan por merecer que los respeten. Esta vez Moisés no sabe qué hacer y prefiere huir.

Moisés ha dado el primer paso en el camino que lo lleva a libertar a su pueblo. Asimismo, el que, pudiendo compartir la suerte de los privilegiados prefiere ponerse al servicio de los humildes, se hace aún sin saberlo, seguidor de Cristo. Como está escrito en heb. 11,25: << Por fe de Moisés se negó a ser llamado hijo de una hija del Faraón. Prefirió compartir los malos tratamientos con el pueblo de Dios, antes que conocer el goce pasajero del pecado; pues estimaba la humillación de Cristo más preciosa que los tesoros de Egipto. >>

Es así como la Biblia valoriza todos los esfuerzos que se hagan en pro de la dignidad del hombre, en la lucha de los pueblos en vías de desarrollo para lograr su propia independencia, en el esfuerzo de los jóvenes y de los trabajadores por una participación más activa en la construcción de su porvenir.

Pero también entendemos que la obra libertadora de Dios será a la vez la liberación de las estructuras de opresión y despertar en el hombre de la conciencia de su propio pecado.

Moisés en Madián

Pastor en el desierto, Moisés aprende la vida ruda, pobre y libre, tal como la de Abraham. Más aún, los madianitas eran más o menos descendientes del padre de los creyentes (Gen. 25,2). Así, pues, Moisés recibe de su suegro llamado Raguel, llamado también Jetró (3,1), las tradiciones sobre Abraham y su fe en el Dios único.

Dios recuerda a Israel

Gritaron y su clamor llegó hasta Dios. Pero, aunque los hombres hayan olvidado las promesas, Dios no loas ha olvidado. Dios mira a sus hijos y su amor permanece despierto.

La Biblia nos dice que hay una hora de Dios y que los hombres no pueden pretender lograr cualquier cosa en cualquier momento. A pesar de que podemos apresurar la hora de Dios con nuestras oraciones y la generosidad de nuestra entrega, a él pertenecen los tiempos y los momentos (He. 1,7). La demora de Dios: 2 Mac. 6,12; Ha. 1,2 Ecclo 35, 19; Sal. 44; Sal. 74; Mc. 4,26 Lc. 18,1; Ap. 6,11.

La Zarza ardiendo

Dios ha esperado varios años (Moisés ya es un hombre maduro) antes de llamar a Moisés. Lo hace en un tiempo en que éste tiene encaminada su vida como padre de familia y pastor de ovejas. Lo hace en el desierto, donde aparentemente Moisés se ha marginado de las desgracias de sus hermanos, perdiendo día tras día la esperanza de que pudiera servir a su pueblo. Así, muchas veces, Dios espera a los hombres en tal o cual desierto de su vida. Son esos tiempos, aparentemente vacíos, en que Dios prepara a sus servidores, mientras el corazón y la generosidad permanecen intactos. Apariciones y ángeles, Gen. 16,1), se presenta como el fuego que atrae las miradas, pero quema al que quisiera acercarse demasiado. Al verlo Moisés hace lo que se hacía al entrar a un lugar sagrado: se quitaban las sandalias para no llevar ante Dios el polvo de la existencia común y corriente. Así nos recuerda que el hombre no puede acercarse a Dios sin despojarse de sus preocupaciones y de sus deseos terrenales.

Yo soy el Dios de Abraham, de Isaac y de Jacob. Es decir, que Dios no viene a Moisés como un extraño. Es el Dios amigo de sus antepasados que ahora llama a Moisés para reanudar la obra salvadora empezada o prometida a sus padres.

Estaré contigo. Es la palabra reconfortante que se lee en la Biblia cada vez que Dios llama a una misión: Jos. 1,5; Jue 6,12; Mt. 28,20; Lc. 1,28.

¿Quién soy yo para ir donde Faraón? Moisés ya no es el joven entusiasta que asalto al capataz egipcio; el hombre maduro comprende que esta misión supera sus fuerzas y teme ponerse totalmente en manos de Dios. Pero el llamado divino no es una voz que suena y pasa: Dios se ha hecho dueño del corazón de Moisés.

Ahora ve que te envío a Faraón. Así va a empezar la misión de Moisés, que hasta el fin de su vida exigirá una entrega total. Sabiendo con toda seguridad que Dios lo manda, Moisés podrá perseverar en medio de las peores dificultades. Después de sacar a Israel de Egipto, le impondrá, casi a la fuerza, su destino, que es ser el propio pueblo de Dios.

Dios habla de llevar a Israel a la tierra que mana leche y miel, la tierra prometida a Abraham. No fija plazo ni indica detalles, pero, por lo menos, anuncia un evento que probará la autenticidad de la misión: algún día Israel, pobre pero libre, llegara con Moisés hasta el monte Horeb (o monte Sinaí) para encontrar a Dios y recibir sus palabras que dan vida.

EL NOMBRE DIVINO

En medio de todos los pueblos que tienen sus propias ideas acerca de Dios y buscan a tientas el sentido de su destino, Israel va a ser el pueblo que conoce a Dios según la verdad y que, debido a esto, sabe por dónde pasa la superación verdadera del hombre. Dios no llamó a Moisés para enseñarle una religión sino para dar la libertad a Israel; pero esto no lo podía hacer mientras no supiera que Dios es persona y que quiere ser servido por personas libres.

En este lugar Dios da a conocer su nombre, o sea, indica el nombre que, para todo este nombre será para siempre el privilegio del pueblo de Dios, Israel primero y, luego, la iglesia. Dios usa tres términos que se aclaran el uno al otro: **yo soy, yo soy el que soy, Yavé.**

Está probado que desde mucho tiempo antes de Moisés Yavé era el nombre de Dios en ciertas tribus hebreas, pero no parece que este vocablo tuviera un significado preciso. En cambio, aquí Yavé es relacionado con la voz Yahva, que significa: hacer existir al que lo conoce. Esta revelación es decisiva para toda la Biblia y conviene recordarlo cuando fácilmente los creyentes dicen: <<Dios es Amor>>, <<Dios es Bondad>>, olvidando que esto solo sería falso si no se afirmara primero: Dios es el que Es.

Si Dios hubiera dicho: <<Yo soy el todopoderoso>>, podríamos pensar que solamente debemos resignarnos a su voluntad y agacharnos ante él. Si hubiera dicho: <<Yo soy el Bien>>, pensaríamos, como el filósofo Platón, que debemos construir un mundo en que cada cual pueda gozar su parte de felicidad y, puesto que la mayoría de los hombres son poco responsables, que es tarea de los <<mejores>> (los aristócratas) imponer a los demás un orden y una ideología que no les permitan desviarse del buen camino. Si hubiera dicho: <<Yo soy la Bondad>>, no entenderíamos porque tenemos que sufrir.

Pero no, dijo Yo Soy el que Es. Dios es persona que existe en forma sumamente activa y libre, y que nos llama a ser personas que existen de verdad. Por eso Dios crea el mundo en que podamos actuar en forma responsable. Todo lo crea junto con nosotros y sufrimos las consecuencias del mal que cometemos. Dios no nos impone el bien ni nos invita a tener tanto miedo a los posibles errores que por eso nos apartamos del mundo, de las ambiciones y de los compromisos. Prefiere que probemos lo bueno y lo malo de lo que se nos presenta si, a través de nuestras experiencias y de nuestros mismos errores, llegamos a descubrir dónde está el bien verdadero. Dios sabe que en un mundo sin dolor nunca se habría visto todo lo grande y lo noble que hay en nuestra historia.

(Perdona madre Iglesia, pero quiero que sea el propio Jesús, quien nos dé una explicación con respecto al nombre de Dios Padre nuestro Creador.)

<< En realidad, Edmundo y mi Hija amada, el nombre con el que se dio a conocer ante Moisés, es una de las expresiones que encierran todo el significado de lo que es nuestro Padre Dios, creador de todo, lo animado e inanimado que tenemos en este planeta Tierra.

Dijo, **Yo Soy el que Es, o el que Soy,** indicando con esto que Dios es un verbo, y no en forma pasiva, sino en forma activa, un verbo conjugado en primera persona Yo Soy, dando lugar a pensar en el resto de la conjugación, Tú eres, y así sucesivamente, dando a entender que en realidad existe Dios como persona, Moisés existe también como persona y todos existimos y todo existe, hay, y tiene movimiento y por lo tanto tiene vida.

A veces las cosas, los pensamientos y actitudes de Dios nuestro Padre, son un poco inentendibles para una mente humana común, y tiende tal vez a confundirse, pero él, con este nombre de Yo Soy, quiere manifestar a la humanidad el deseo de que supiéramos que, quiere que seamos personas libres, no sumisos esclavos, creados para servir de rodillas a un Dios tirano y autoritario. Dijo Yo Soy, y quiso decir también, Tú Eres, dando a entender que eres un ser libre, que puedes tomar tus propias decisiones, que, si quieres, puedes experimentar tu libertad, probando por tus propios medios lo que es bueno y lo que es malo, pero que lo hagas sabiendo que eres parte de un mismo verbo, ser, Existir.>> (Amén).

El **poder de hacer milagros.**

No me van a creer. Cuesta a los marginados unirse y confiar en quienes pueden levantarlos. Pero más todavía le costará a Israel seguir un camino de liberación tan largo y opuesto a la sabiduría humana.

Muchas veces Moisés no dará cuentas de su actuación, sino que se valdrá de la misma autoridad de Dios, y por eso recibe el poder de hacer milagros que lo acrediten.

Todo esto está adaptado al mundo en que vivió Moisés. Encontramos aquí el tipo de portentos que se atribuían a los brujos egipcios.

Aarón, interprete de Moisés.

Tu hermano Aarón hablará por ti. Tal vez Moisés quiso correrse ante el llamado de Dios; Tal vez se sitió acomplejado por no tener las cualidades humanas que parecían imprescindibles para ser un líder. Pero Dios le envía los ayudantes que necesita, puesto que de él viene la misión.

Para entender mejor el papel atribuido a Aarón en estos acontecimientos, recordemos que en tiempos posteriores los sacerdotes judíos, <<descendientes de Aarón>>, eran los que guardaban y enseñaban la religión de Moisés. Al hacer de Aarón el hermano y el portavoz de Moisés, no hacían sino afirmar que ellos mismos hablaban con la autoridad de Moisés (mt. 23,2 Mc. 1,44).

Moisés vuelve a Egipto.

En un episodio oscuro, Moisés aparece enfermo de gravedad: su esposa entiende que es por no haber sido circuncidado. Entonces, según las ideas de ese tiempo, circuncidan a su hijo por él.

Moisés y Aarón son aceptados por los Israelitas.

Moisés habla a Faraón.

La palabra de Dios no se escucha tan fácilmente en los mismos términos de la capital como en el desierto. La respuesta y las decisiones de Faraón son el modelo al que parecen referirse muchos gerentes y administradores. Moisés y Aarón reciben una negativa y luego conocen la desconfianza de sus compañeros.

A lo largo de la historia encontramos la misma oposición de los que no quieren moverse para liberarse, no confían en el éxito o no hacen caso y no apoyan a los líderes que trabajan por su bien. Martin Luther King, poco antes de su muerte, decía con tristeza que chocaba con la indiferencia de los negros: se sentía sólo en la lucha a favor de sus hermanos de raza. Durante la conquista, Fray Bartolomé de las Casas, con su protesta a favor de los indios, tuvo que enfrentarse con la crítica de los otros religiosos.

A Dios no le faltan los medios para llevar adelante su obra liberadora, con tal de que Moisés tenga fe y persevere.

Nótese los apuros de esos secretarios israelitas que mandaban al pueblo a nombre de las autoridades egipcias.

Otro relato del llamado de Moisés.

Antepasados de Moisés y Aarón.

Anuncio de las plagas.

Dijimos al comienzo de este libro que se juntaron varios relatos de los mismos acontecimientos. Aquí empieza un relato más tardío y resumido del llamado de Moisés. Se da una lista de sus antepasados. Se indica para Moisés la edad de ochenta años, cifra simbólica. Los sacerdotes judíos atribuían a Moisés la edad de vida de ciento veinte años, es decir tres generaciones, cifra perfecta.

Las plagas de Egipto.

Aquí vienen las plagas de Egipto. Los párrafos que bien. En el relato Yavista, el más antiguo (raya negra en el margen) narran siete plagas. El otro relato, el Eloista, trae nueve. El tercer relato añade el de las úlceras.

Los escritores bíblicos sabían que el poder del mal obra también milagros, para oscurecer las intervenciones de Dios. Nótense estos detalles: 7,11-12; 8,3; 8,14-15; 9,10.

También en el capítulo 10 se describen las relaciones de la gente que reconoce los signos de Dios, sin por eso llegar a la conversión verdadera.

Al leer las plagas o desventuras de Egipto, el lector moderno se preguntará tres cosas:

_ Existen realmente esos milagros estupendos para dañar a los egipcios?

_ ¿Si se trata de fenómenos naturales, debemos de pensar que cualquier desgracia es un castigo de Dios?

_ ¿El campesino o ciudadano egipcio, era responsable de la política del Faraón y merecía ser castigado?

En cuanto a lo primero, sabemos que estos relatos fueron narrados y ampliados durante siglos por los israelitas. Quieren decir que por medio de desgracias naturales propias de Egipto: langosta, <<Nilo rojo>>, ranas, Dios manifestaba su voluntad a Faraón.

En cuanto al segundo, ver el comentario de Lc. 13,1. Dios nos advierte mediante signos. Los mismos dirigentes de una nación, si pudieran abrir los ojos sobre los males que aquejan a su país, verían que las injusticias se pagan caras.

En cuanto a la tercera pregunta, no olvidemos que los autores sagrados tenían la mentalidad de su propio ambiente. No se preocupaban por saber si los egipcios o si el mismo Faraón había cometido un pecado al oponerse a Moisés. Solamente veían que se oponía al designio de Dios y debía ser castigado: es lo que expresaban en la palabra castigado. No se preguntaban sobre la suerte del campesino egipcio. Para ellos, Egipto representaba el poder injusto, Faraón, el enemigo de Dios.

He endurecido su corazón. La Biblia no niega que el hombre tenga la responsabilidad de sus actos: Faraón es el que se endurece. Pero también sabe que nada sucede que Dios no haya permitido y que no sirva de alguna manera sus proyectos. Es lo que quería significar el escritor con esta expresión: he endurecido su corazón, en el tiempo en el que todavía faltaban los matices para decirlo mejor. Entendamos: << mis proyectos se realizarán mejor con la negativa de Faraón>>.

Daré muerte a todos los primogénitos de Egipto. Se acerca la décima plaga: el ángel de Yahvé hará morir a los hijos de los egipcios. Muy posiblemente se trata como en 2Reyes 19,35, de alguna epidemia de peste. Entonces se celebra la comida del cordero pascual.

(Perdona Madre Iglesia, pero hay cosas que quiero preguntar a Jesús: ¿Señor crees tú que es la explicación correcta a este capítulo de las plagas de Egipto?)

<<Edmundo, te diré que, en parte tiene razón, tomando en cuenta en la época que fue escrita la Biblia. Los escritores de ese tiempo, atribuían todo fenómeno natural o fenómeno derivado de las propias acciones de los hombres, sin tomar en cuenta que sean los propios israelitas o los egipcios que las hubieran provocado, como castigo Divino, pero no se daban cuenta que con ello de pronto perjudicaban la imagen de un ser Supremo amoroso y respetuoso de la autonomía que le dio al ser humano creado por él, para que tome sus propias decisiones, sus propias alternativas con respecto a su sistema de vida, a su forma de solucionar sus propios problemas de la vida cuotidiana; sin embargo Dios nuestro Padre, interviene en este caso a través de Moisés, para advertir a su pueblo de la hecatombe que se avecinaba; con relación a la primera plaga, cuando el Nilo se tiño de sangre, coincidió que hubo una erupción volcánica en uno de los nevados que dan origen al nacimiento del rio Nilo y parte de su tierra es hoy aun de un color rojizo, combinada con la lava derretida y el azufre y demás sustancias que emanan de un volcán, el agua al llegar a pasar por la zona poblada de Egipto, lo hacía en forma de una sangre espesa y pestilente, que causaba la muerte de todo ser vivo que la ingiriera; razón por la cual Dios nuestro Padre advirtió de este peligro a Moisés, para que él sea quien ponga en alerta a su pueblo y busque la manera de guardar agua limpia

antes de su contaminación, es así como cavan pozos luego, después de la contaminación. Moisés que había venido con la misión de sacar a su pueblo de la esclavitud de Faraón, fue alertado por Dios y acudió en el momento preciso en que iba a pasar frente a la ciudad la contaminación del agua y advirtió a Faraón de este peligro, pero éste no le creyó, entonces dijo Moisés: <<voy a demostrarte el poder de mi Dios que te manda este castigo>> y toco con su cayado el agua en el momento exacto y al instante ya toda el agua se fue rio abajo contaminándose.

Pero Dios, un ser tan bondadoso, no podría hacer una cosa semejante, para matar su propia creación, castigando así a buenos y malos, solamente que Moisés exageró un poco, pensando con ello conmover a Faraón inclusive para que él acepte en su corazón a nuestro Padre, porque con el pensamiento con el cual había sido criado; él mismo sería un dios, sin tomar en cuenta que él era un hijo más de la creación de Yahvé nuestro Dios Padre.

De allí en adelante y como consecuencia de este fenómeno natural se derivaron el resto de las plagas como consecuencia lógica de un desastre natural de esta magnitud; inclusive hasta la última plaga que degeneró en epidemia, atacando a los más débiles que eran los niños, llegando así la muerte del primogénito de Faraón, momento en el cual Moisés logra convencer a éste, para que deje salir de Egipto a su pueblo.

Esta última peste era una enfermedad parecida a la que hoy conocemos como leucemia, razón por la cual Dios advirtió a Moisés que debía ser curada con transfusiones de sangre o sangrías, lo cual Moisés si lo hizo, logrando salvar así a los suyos; pero no les dio a los egipcios esta receta milagrosa que le fue revelada por Yahvé nuestro Padre Creador, sino que mejor él lo tomó como el castigo final para ablandar el corazón de Faraón, pero esta fue otra exageración de Moisés y por ende del escritor bíblico>>.

Tome cada uno un cordero por casa. Los antepasados de los hebreos, cuando peregrinaban con sus rebaños antes de bajar a Egipto, celebraban cada año la pascua del cordero. Lo sacrificaban en la primera luna de la primavera (12,2), período especialmente crítico para las ovejas recién paridas: el cordero escogido para la fiesta se guardaba algunos días en la misma habitación (12,6), para que se identificara mejor con la familia y llevara sobre sí las faltas de todos sus integrantes. Luego con su sangre se rociaban las tiendas de campaña, para alejar a los espíritus exterminadores que podían amenazar hombres y animales.

Al ver la sangre pasara de largo. Los israelitas, como los demás hombres del pasado, se hacían de Dios una imagen temible y no creían poder conciliarse a ese Dios violento sino mediante sacrificios y sangre (Heb. 9,22). Solamente con el tiempo descubrieron que ésta era una forma de culto muy imperfecta (Is. 1,11; Sal.40,7 y 51,18).

En adelante, las familias israelitas considerarán al primero de sus hijos varones como perteneciente a Yahvé (Ex 13,1), por haber sido salvado del azote. Conforme a esa ley, Jesús, primogénito de María y primogénito de Dios, será presentado en el templo (Lc 2,22)

Es la pascua para Yahvé (12,27). Esta fiesta de origen pagano va a cobrar un sentido nuevo: la sangre del cordero sella el pacto de Yahvé con el pueblo al que viene a escoger.

La fiesta de los ázimos. Cuando siglos más tarde, Israel pasó a ser un pueblo de agricultores, se acostumbraron a celebrar cada año en la primavera una fiesta que duraba una semana y durante la cual se comía pan sin levadura. Esta fiesta era de origen pagano. Los sacerdotes judíos, en vez de luchar contra este uso, prefirieron juntar esta semana con la fiesta de pascua y darle una nueva significación, relacionándola con la salida de Egipto. Este pan no fermentado tenía que recordar la salida apresurada en que, falto tiempo para hacer fermentar el pan.

En esto la Biblia nos proporciona un ejemplo: habría que dar una significación cristiana a fiestas que al principio no la tenían, como son el año nuevo, la fiesta del trabajo.

Aquí encontramos otra instrucción sobre la manera de celebrar la pascua, más antigua que la del comienzo de este capítulo.

Salida de los israelitas.

Una muchedumbre de gente de toda clase. La caravana no tenía la cara de pueblo santo. Ahí estaban los que, por razones muy diversas, se habían decidido a salir con los israelitas.

Sin embargo, al relato más antigua se añadieron dos párrafos: es que, a pesar de las apariencias, estos fugitivos formaban los ejércitos de Yahvé, o sea el primer núcleo del pueblo de Dios llamado a pregonar en el mundo al Dios libertador.

Seiscientos mil hombres. Esta cifra fabulosa solamente quiere expresar la importancia religiosa de esta salida. En realidad, los que salieron con Moisés no debían de ser más de doscientos hombres con sus mujeres y sus hijos. No olvidemos que estos eran pastores y no podían vivir con menos de diez animales por persona. Una tropa de ochocientas personas iba con unas ocho mil ovejas y burros; los pozos del Sinaí y sus oasis no permitían el tránsito de rebaños más importantes.

Leyes sobre la Pascua. Nótese esta instrucción muy antigua. El primer mandamiento de Dios a Israel le prescribe recordar constantemente que su Dios los ha liberado.

Paso del Mar Rojo.

En la misma noche en que sacrificaron al cordero pascual, los hebreos se marchan. Los egipcios los persiguen y los alcanzan cuando, equivocados de camino, llegan a los pantanos que prolongan el Mar Rojo (13,17). Aquí va a suceder la liberación más trascendental de la historia sagrada anterior a Jesús; Dios abre el camino a su pueblo para salvarlo, mientras que los enemigos se ahogan.

No se asusten, permanezcan firmes. Actitud del hombre de fe frente al desaliento de sus hermanos. Moisés cree que Dios no abandonará a los que lanzó por el camino de la libertad. Moisés contesta como si viera lo invisible (Heb. 11,27) y su fe pone en movimiento la intervención de Dios.

Yahvé hizo soplar un viento del Este. Varias películas y estampas han presentado este acontecimiento con imágenes fantásticas. En realidad, el relato más antiguo, es poco preciso. No dice que los israelitas atravesaron el mar, sino que vieron a sus perseguidores muertos en la orilla. El relato más tardío amplía el asunto, como ya hizo para las plagas de Egipto: ¡los ejércitos de Yahvé pasan como vencedores entre dos murallas de agua!

La intervención de Dios fue tal vez discreta: ¿un derrumbe?, ¿una subida repentina de las aguas? Fue decisiva, sin embargo, y sucedió en el momento preciso para cambiar la suerte de los fugitivos. El segundo relato, tan triunfalista, nos invita a ver en esta salvación de los fugitivos uno de los acontecimientos que, a la larga, transforman la historia: el Dios de los pobres va rehaciendo el mundo.

Por eso la salida de Israel tiene valor de modelo para todos aquellos que, después de Moisés, lucharon para levantar a sus hermanos y hacer de ellos personas libres en un mundo más justo. En la historia de inspiración cristiana encontramos otras victorias, pequeñas y grandes, que hicieron progresar el Reino de Dios y su justicia. Ahí también estuvieron grupos comprometidos en una obra libertadora, que se enfrentaron sin armas contra Faraón y sus carros, sus oficiales y sus burócratas.

De todas maneras, sólo un milagro puede explicar cómo Israel tomó un camino tan diferente de los demás pueblos y pasó a ser el pueblo de Yahvé al que escogió como su único Dios.

Los que pasaron a la otra orilla no eran los mismos de antes: había empezado la existencia del pueblo de Dios. Por lo que Pablo escribió más tarde: << Nuestros antepasados fueron bautizados en Nube y en el Mar>> (1Cor. 10,2), es decir, atravesaron el agua que da muerte gracias a Dios presente en la Nube. Esta Nube significa que Yahvé acompaña a los suyos y está, en forma misteriosa, en medio del pueblo <<bautizado>>.

También nosotros debemos pasar el Mar: pensemos en el camino de las comunidades cristianas y de los recién convertidos. No basta con haber recibido el agua del bautismo, sino que uno debe comprometerse con una comunidad cristiana. Entonces dejamos atrás una existencia en que vivíamos como alienados, y vamos descubriendo un nuevo sentido a la vida. Pero no lo hacemos solos, sino juntos, mientras la comunidad va madurando. Las personas no pueden <<salvar su alma>> sin participar en la comunidad y entrar en la obra de Dios que reúne a los hombres. El pueblo liberado no podrá gloriarse de esta victoria que fue la de Dios y de Moisés, el hombre de fe.

(¿Qué opinas tú a este respecto, mi Hermano Jesús?)

<<Mira Edmundo y todo el mundo>>(**y se sonríe**): <<en realidad la explicación a este capítulo, por parte de mi Amada Hija, la Santa Iglesia Católica, tiene su validez, pero le falta ahondar un poco en el tema científico de este acontecimiento y aclarar que si bien es una victoria de Dios nuestro Padre, sobre los egipcios, no es algo que a él le complace del todo, porque los Egipcios son también parte de su creación; sino que debido a la terquedad de Faraón fueron a perecer gran parte de sus soldados en la persecución a Moisés y a su pueblo.

Justamente cerca de Piajirot, frente a baal-Sefón, el Mar Rojo, tiene su menor profundidad y hay una congruencia de corrientes de agua que vienen del norte y del sur, por esta razón cuando Dios nuestro Padre, hizo soplar vientos del oriente, hizo también tomar a la tierra una ligera inclinación imperceptible, que bajaron aún más el nivel de las aguas, dejando una parte seca en forma de camino, momento en que aprovecharon, Moisés y todo el pueblo de Israel para cruzar de una orilla a la otra del Mar Rojo.

Como los ejércitos de Faraón venían bastante retrasados y además no podían avanzar, debido a los fuertes vientos huracanados y las tormentas de arena y descargas eléctricas que se producían por el choque de las espesas nubes que cubrían esa parte del desierto; al llegar ellos a tratar de cruzar esta parte del Mar Rojo en persecución del pueblo de Israel, ya era demasiado tarde, los vientos cesaron, la tormenta pasó, la tierra tomó su posición habitual, y por ende las aguas volvieron a su cauce habitual, razón por la cual, gran parte de carruajes, caballos y soldados de Faraón, perecieron atrapados en el fango y en las aguas del Mar Rojo>> (ver Ex. 2,14-31).

Éxodo capítulo 15

El primer cantico de Moisés. Es el grito de un gozo agradecido. Es al mismo tiempo una profesión de fe. Un salmo dice: <<Feliz el pueblo que sabe aclamar>>.

El hombre necesita admirar, aclamar. El hombre salvado canta las alabanzas de Dios. Es una actitud sana y santa. El último libro de la Biblia, el Apocalipsis, nos presenta el coro de los santos gloriosos aclamando al Dios tres veces Santo, recordando el cantico de Moisés (Ap. 15,3).

Las religiones antiguas (también los hombres de hoy) tienen fiestas de acuerdo con los ritmos de la naturaleza: fiestas de la luna, del verano, de la lluvia, del nacimiento. En cambio, en la Biblia todas las fiestas recuerdan las maravillas que Dios operó para salvarnos.

Marcha por el desierto.

Los Israelitas dejaron definitivamente atrás la civilización más brillante y agradable del mundo, con sus hortalizas, sus campos de riego y su prestigiosa cultura. Quedándose allá habrían desaparecido como pueblo. Pero ahora Moisés los hizo tomar el camino de la libertad. Como cualquier nación o clase social que logra su independencia, tienen que hacerse responsables de su propio destino. Moisés sabe que la libertad no es una continua diversión: es el principio de un camino difícil y sacrificado. En este camino, sin embargo, se manifiesta la providencia de Dios que permite andar confiado. Se producen maravillas inesperadas, pero Dios no se preocupa de las comodidades de los suyos ni multiplica sus milagros.

Los fugitivos que se atrevieron a penetrar los territorios desérticos del Sinaí tenían motivos como para inquietarse: los amenazaban el hambre, la sed, los pobladores del desierto. En las páginas que siguen, el autor describe gráficamente estos peligros y recuerda ciertas intervenciones de la providencia. Al escribir no se fijó solamente en sus antepasados del tiempo de Moisés. Ajusto en sus enseñanzas para sus contemporáneos, siempre tentados por la vida fácil, habidos de poseer, atraídos por las promesas de países extranjeros que les hubieran quitado su independencia.

Yo soy Yahvé, que te doy la salud. Las enfermedades son una manifestación del desgaste que produce en nosotros el pecado. Pero sería un error considerar que las enfermedades de cada cual se deben a sus propios pecados. Así mismo las plagas naturales no se pueden atribuir sin más a nuestros pecados, pero Dios sabe protegernos de ellos cuando así le conviene y, a menudo, caen de improviso sobre los individuos y las naciones que pretenden construir sin Dios.

Toda la comunidad empezó a murmurar contra Moisés y Aarón. Actitud irresponsable de los que no saben enfrentar su destino y solamente critican a los que toman iniciativas para bien de todos.

Esta tarde les daré carne... Dios proporcionó alimento a su pueblo en un momento en que todo faltaba. Numerosas bandadas de aves, agotadas por un largo vuelo, cayeron al lado del campamento. También se encontró otra comida inesperada, el **maná.** A lo mejor se trata de la resina que a veces muy abundante de las zarzas de dicho desierto. En el momento más desesperado, esta ayuda fue para Israel la prueba de que Dios no lo abandonaba. Este hecho se relata también en Num. 11,4. Con el tiempo se amplió la narración del asunto, dando a entender que Dios había mandado el Maná diariamente durante cuarenta años: Ex. 16,35; Jos, 5,12; Sal. 78,24; Sab. 16,20. **Danos hoy nuestro pan del día.**

Con este hecho entendemos que el pan de cada día es un don de Dios. Cuando nos invita a tomar un camino difícil, se compromete a ayudarnos para empezar el plan que necesitamos. Por eso ayuda a los que por sus iniciativas y su actuación valiente procuran crear y distribuir entre todos, los bienes materiales que necesitan.

Este don del pan del cielo se prestó para dos comentarios diferentes en páginas posteriores de la Biblia. En Dot. 8,3: <<Te dio a conocer el Maná para demostrarte que no solo de pan vive el hombre, sino que todo lo que sale de la boca de Dios es vida para el hombre>>. Ver comentario de Mc. 6,34. Luego, en el evangelio, el Maná es figura del verdadero pan del cielo, Cristo, que se da como alimento de vida en la eucaristía: ver comentarios de Jn. 6.

El agua salida de la piedra.

En el desierto, Dios pone a Israel a prueba: ¿hasta cuándo esta gente común aceptará seguir un destino que sale de lo común? ¿Hasta dónde alcanzara su fe? También Israel tienta a Dios, o sea que le pide pruebas porque no tiene total confianza en él. Exige milagros: << Si estas con nosotros, muéstralo, y sin demora>>.

La Biblia recuerda este enfrentamiento en el suceso del agua salida de la roca. También Moisés fue puesto a prueba en dicho lugar: ver el mismo hecho relatado en Núm. 20.

En tiempos posteriores la tradición judía vio en esta roca una figura de Dios, fuente de vida, presente en medio de su pueblo, Roca milagrosa que los acompañaba en sus andanzas (ver 1Cor. 10,4). Dios es la roca impenetrable que retiene su secreto hasta que acepte ser herido y de su misma herida mana la vida. Entendemos que el hombre pecador ha perdido el conocimiento auténtico de Dios y por eso no puede encontrarlo. Pero Dios se hace débil en la persona de Jesús, y éste, al morir, revela el secreto de Dios que es su amor y compasión por nosotros. El evangelio enfatiza que, del corazón de Jesús, herido por la lanza, salió sangre y agua que figura al Espíritu Santo: Jn. 7,37 y 19,34.

La victoria sobre Amelec.

La victoria sobre Amelec viene a completar estas experiencias referentes a la providencia divina. Josué dirige el combate, pero Moisés tiene levantado su bastón con el cual obra prodigios. De Dios viene la victoria.

En este relato la tradición cristiana ha reconocido siempre una imagen de la oración que obtiene de Dios las victorias.

La misión de los profetas no es solamente de hablar, sino de interceder ante Dios: 1Sam. 7,7; Jer. 7,16; Ex. 22,30.

Llega Jetró, suegro de Moisés.

Institución de los jueces.

Los hebreos y otros fugitivos que habían salido de Egipto con Moisés tuvieron que organizarse. Dios no les dictó lo que debían hacer. En parte inventaron las instrucciones que necesitaban. En parte adoptaron las de otros pueblos. En el caso presente tomaron ejemplo de los Medianitas (el suegro de Moisés era sacerdote Medianita).

Moisés, como los demás jefes indiscutidos, necesito tiempo para darse cuenta de que todo andaría mejor compartiendo con otros sus responsabilidades. Felizmente se había acostumbrado a escuchar a Dios, por lo que supo también escuchar a sus familiares.

La gente veía a Moisés como un profeta y un juez: no solamente debía solucionar los conflictos, sino que cada cual venía a consultar sobre lo que debía hacer o no, para que sus proyectos fueran bendecidos de Dios y salieran airosamente. Los jefes que él elige son el modelo de esos sacerdotes y <<ancianos>>, o sea, notables, que regían el pueblo de Israel. (Ver Ex. 18,1-27).

Preparación de la alianza.

Los israelitas han aprendido a conocer a Dios, tanto en las circunstancias de su salida como en las pruebas del desierto. Entonces se presentan a la cita que fijó Yahvé cuando llamó a Moisés en ese mismo lugar llamado Horeb o Sinaí (Ex. 3,12). Ha llegado el momento de tomar libremente el compromiso que hará de ellos, para siempre, el pueblo de Dios.

El mundo es todo mío. Dios es el Dios de todos los hombres y el salvador de todos, ya sea Moros o cristianos. Sin embargo, ha decidido reorientar la historia y hacerla madurar desde dentro, mediante un pueblo suyo al que hará pasar por experiencias decisivas.

Una misión que me es consagrada. Israel será el Reino cuyo único Rey es Yahvé. Los hombres que mandan en Israel solamente deberán procurar su justicia. Los israelitas son hombres libres que pertenecen únicamente a Dios: por eso no se dejaran contaminar por los ídolos, las costumbres impuras y los falsos valores de los demás pueblos.

Les tendré como mi pueblo de sacerdotes. En toda religión el sacerdote es el que se acerca a Dios y recibe sus comunicaciones. Israel, en su conjunto, tiene este privilegio de conocer a Dios y acercase a él en una forma como no pueden hacerlo los demás. Recibe las promesas que Dios dirige a todos los hombres; Dios le envía profetas para que vea antes que los demás, y con mayor lucidez, las exigencias de la justicia y de la fraternidad.

Esta alianza se concreta al pie del Sinaí. En uno de los lugares más impresionantes que se pueda imaginar. Moisés y los ancianos, o sea, representantes del pueblo, suben en medio de una tremenda tempestad eléctrica, mientras retumban los truenos entre las quebradas. La limpieza de la ropa, la prohibición de acercarse, las abstinencias preparan los espíritus para sentir el poder de Dios: nadie se puede acercar a Dios.

Todo lo anterior nos ayuda a entender lo que quiso decir Jesús al celebrar la nueva alianza, el día en que compartió con sus apóstoles la última cena (Mc. 14,24). En la oración que siguió, pidió porque los creyentes fueran el nuevo pueblo consagrado de Dios, sacerdotes de Dios en medio del mundo: Jn. 17; 1Pe. 2,3; Ap. 1,6 y 5,10.

En la Biblia se usa la palabra Ley para designar el conjunto de leyes que se originaban en la alianza pactada entre Yahvé e Israel en el monte Sinaí.

La Ley indica, de por sí, algo pesado. Los hebreos han soltado el yugo de la esclavitud, pero no pueden progresar sin una Ley. Al niño, sus educadores le imponen una disciplina para formar su voluntad, domar sus caprichos, enderezar su generosidad. Lo mismo el pueblo de Israel necesita ser sometido a la ley durante largo tiempo antes de que fuera maduro para recibir el Espíritu. Sometidos a la ley, van a descubrir que ofenden constantemente a Dios.

No olviden que aquí se habla de la preparación de la Alianza. Esta se concluye en el cap. 24, después del paréntesis que constituyen las leyes de los cap. 20-23.

El decálogo.

Ex, 20 Entonces Dios dijo todas estas palabras: << Yo soy Yahvé tu Dios, el que te sacó de Egipto, país de la esclavitud.

_ **No** tengas otros dioses fuera de mí.

_ **No** te hagas estatua ni imagen alguna de lo que hay arriba, en el cielo, abajo en la tierra, y en las aguas debajo de la tierra. No te postres ante esos dioses, ni les des culto, porque Yo, Yahvé, tu Dios, soy un Dios celoso. Yo castigo a hijos, nietos, y bisnietos por la maldad de los padres cuando se rebelan contra mí. Pero me muestro favorable hasta mil generaciones con aquellos que me aman y observan mis mandamientos.

_ **No** tomes en vano el nombre de Yahvé, tu Dios, porque Yahvé no dejará sin castigo a aquel que toma su nombre en vano.

_ **A**cuérdate del día del sábado, para santificarlo. Trabaja seis días, y en ellos has todas tus faenas. Pero el día séptimo es día de descanso, consagrado a Yahvé, tu Dios. Que nadie trabaje. Ni tú, ni tus hijos, ni tus hijas, ni tus siervos, ni tus siervas, ni tus animales, ni los forasteros que viven en tu país. Pues en seis días Yahvé hizo el cielo y la tierra, el mar y todo cuanto hay en ellos, pero el séptimo día Yahvé descansó, y por ello bendijo el sábado y lo hizo sagrado.

_ **R**espeta a tu padre y a tu madre, para que se prolongue tu vida sobre la tierra que Yahvé, tu Dios, te da.

_ **No** mates.

_ **No** andes con la mujer de tu prójimo.

_ **No** robes

_ **No** des falso testimonio contra tu prójimo

_ **No** codicies la casa de tu prójimo. No codicies su mujer, ni sus servidores; su buey o burro. No codicies nada de lo que le pertenece>>.

Mientras tanto, todo el pueblo oía las voces, y veía el cerro humeando. Temblando de miedo se mantenían a distancia.

Dijeron a Moisés: << Habla tú con nosotros que podemos entenderte, pero que no hable Dios, no sea que muramos>>. Moisés les respondió: <<No teman, pues Yahvé ha venido para probarlos; él quiere que su temor permanezca en ustedes y así no pequen>>.

El pueblo se mantuvo a distancia, mientras Moisés se acercaba a la densa nube donde estaba Dios.

Moisés sube al monte Sinaí para recibir las leyes de Dios. Y la Biblia pone a continuación dos conjuntos de leyes. El primero, más breve, contiene los diez mandamientos. Luego viene otro código, del tiempo en que los Israelitas se establecieron en Canaán, llamado código de la Alianza (20,22 – 23,33).

Yo soy Yahvé, tu Dios. Por importantes que sean los diez mandamientos que integran el Decálogo, más todavía importa la manera de presentarlos. Pues esto de no matar, de no robar, se enseña en cualquier sociedad civilizada. Pero aquí habla Yahvé, Dios vivo y único, con la autoridad que libró a Israel de la esclavitud y ahora quiere ponerlo a su propio servicio. Y porque quiere hacer de ellos hombres libres en un pueblo libre, les impone las leyes fundamentales sin las cuales volverán a ser esclavos:

_ **Dios reconocido como superior a todo y a todos,**

_ **Rectitud y justicia con todos,**

_ **Lucha contra la codicia, fuente del mal.**

Yo castigo a hijos, nietos y bisnietos.

Sería un error pensar que <<El Dios del antiguo testamento>> es rencoroso. Solamente afirma a hombres que si bien ellos olvidan pronto el mal que cometieron, él no los dejará tranquilos hasta que lo hayan reparado (Os. 6,1-6). Castigo a nietos y bisnietos: yo les purificare por medio del sufrimiento de todo lo que el pecado haya corrompido y falseado en ustedes.

No tendrás otros dioses. A los israelitas como a los demás pueblos, no les faltaba el deseo de multiplicar los dioses. Pero Yahvé no quiere competidores. Es un Dios celoso que exige para sí todo el corazón del hombre. No podemos seguir a nadie ni a nada antes que a él; ninguna Ley injusta impuesta por las autoridades, ni una ideología que viene a contradecir sus palabras, ni un amor que no respeta sus mandamientos.

No te harás imágenes. Porque las imágenes hermosas no pueden ayudar a descubrir algo de la belleza de Dios; pero muy luego nos cautivan y nos detenemos en ellas. << Mira Edmundo; lo que sucede es que desde que el hombre empezó a tener uso de razón y utilizó sus facultades creativas, lo primero que pensó es, en crear una imagen física de Dios, y no lo tomó como una imagen de recordación que existe un Dios Espiritual, sino que empezó a adorar esa imagen creada por él, como si el Espíritu de Dios hubiese penetrado en esa imagen. Pues sábelo bien, para ti y para todo el mundo, eso no es así. Las imágenes talladas, como pintadas o creadas por el hombre deben tener el único significado, de decoración, o de recordación, de que existe ese ser en forma Espiritual, invisible a los ojos humanos, pero que está allí presente, vivo y palpitante; al igual que la fotografía de un ser querido, o de un amigo o conocido, lo único que hace es recordarnos que esa persona existe o existió, mas no podemos pensar ni decir que el espíritu de esa persona está allí, dentro de la imagen>>. (Amén).

En el templo de los judíos, a diferencia del templo de los paganos, no se guardaba ningún ídolo, o sea, estatua de Dios: solamente las estatuas de los querubines (o sea, ángeles) estaban a ambos lados del lugar vacío donde Yahvé debía estar. Dios no se debe representar, ya que solo se representa a los ausentes.

El pecado, entonces, no es tener imágenes religiosas, sino hacer imágenes del Dios invisible y misterioso. Este mandamiento prohíbe mucho más que hacer pinturas y estatuas de Dios. En efecto cada uno de nosotros tiene un medio fácil para hacerse dentro de sí mismo una imagen de Dios: es nuestra imaginación. Forjamos a Dios, lo imaginamos según nuestros deseos en vez de conocerlo por lo que el mismo nos dice (ver Deut. 4,16).

En realidad, el Decálogo no es la última palabra en esto de las imágenes. Sí, posteriormente, a Dios le parece bien venir a nosotros en la persona de Jesús y que lo vieran hecho hombre (1Jn.1,1), nadie podrá criticarnos por hacer representaciones de la persona humana de Jesús con el fin de recordarlo. Estas imágenes solamente se vuelven ídolos cuando nos interesamos más por <<esta>> imagen que por la persona de Cristo y atribuimos un poder sagrado a <<esta>> imagen más que a Cristo mismo.

(Perdona Madre Iglesia, que al respecto voy a preguntar algo a nuestro amado Jesús. ¿Qué opinas tú, al respecto de la fe o devoción puesta por la gente ante tu persona como el Divino Niño?

<< Te voy a contestar a ti y a todos los demás, por intermedio tuyo. ¿Puedes tú hacer algún favor a alguien, si esa persona se lo pide a una imagen o fotografía tuya? O lo puedes hacer si te lo piden directamente a ti que eres un hombre que ha llegado ya a su madurez física y mental, estimo que la respuesta sale sobrando; ahora bien, tú me dirás que, ¿Por qué la gente atribuye milagros a su fe puesta en mí, a través de mi imagen cuando niño?, esto sucede cuando la persona está realmente convencida que no está poniendo su fe en la imagen intrínseca creada por el hombre, sino que me lo pide a mí directamente, sabiendo que Yo existo como hombre adulto, sino que lo hace en nombre de mi niñez, pero realmente no es la forma más correcta de hacerlo, ya que a veces da la idea de un pequeño chantaje, al decirlo, acuérdate cuando eras niño y por ello concédeme tal o cual favor. Te digo y les digo a los demás, que no es la manera más correcta, más aún cuando ciertas personas tratan de sacar ventaja en nombre de la fe de la gente, puesta en la imagen a la que tú haces referencia. Que la gente tenga mucho cuidado en no transformarse en idólatra, que no busquen respuestas a sus peticiones haciéndolas a las imágenes, sino, haciéndolas directamente a la persona viva y palpitante.

Lo que sí debo aclararte, Edmundo, es que no me disgusta que la gente celebre el día de mi nacimiento, que es como el cumpleaños que ustedes celebran, ya que yo no estoy presente físicamente ante ustedes, me complace que me recuerden el día de mi llegada a este mundo transformado en humano, en creatura de nuestro Padre Dios, en Dios, convertido en hombre, y me complace, porque con esta recordación la humanidad entera acepta la existencia de Yahvé, Dios, Dios vivo entre todos los hombres.

Lo que no me gusta, y también disgusta a nuestro Padre Dios, es que la gente mezcle la recordación de mi natividad, con el mercantilismo; que los que hacen esto se acuerden como eché del templo de mi Padre a los mercaderes, no esperen que les suceda lo mismo>>.

Los hebreos llamaron Sabbat, o sea descanso, al último día de la semana (de ahí viene la palabra sábado). Lo santificaban más que todo por la suspensión de todas las actividades.

Pues el séptimo día Yahvé descansó (Gen. 2,3), hay en la Biblia otro texto algo diferente de estos diez mandamientos en Deut. 5. Allí se justifica la observación del sábado con otro motivo: es para que todos, especialmente los trabajadores, puedan rehacer sus fuerzas.

Los apóstoles de Jesús sabían que la Ley de Moisés era solo una preparación a la venida de Cristo (Gal. 3; Col. 3,16) y, por eso, decidieron desplazar su día sagrado, fijándolo en el día que sigue al sábado de los judíos, día en que Jesús había resucitado (Heb. 20,1 y Ap. 1,10). A ese día lo llamaron <<Día del Señor>> (es lo que significa domingo).

En los tiempos modernos, los trabajadores tuvieron que luchar para que se reconociera el domingo como día festivo. Quizá no ven la importancia del descanso para la vida humana y cristiana los que fácilmente trabajan aún el Domingo. A pesar de que Jesús reaccionó en el Evangelio contra la observancia demasiado rigurosa del sábado (Mt. 12; Jn. 5.), el descanso semanal corresponde a una voluntad de Dios. No se justifican entonces los trabajos que no dejen tiempo ni pera la vida religiosa, ni para la vida familiar y la cultura.

No tomes en vano el nombre de Yahvé. Hay cuatro maneras de invocar en falso el nombre de Yahvé.

_ Usarlo, como se hacía entonces, para fórmulas mágicas, como queriendo sacar el poder de Dios a la fuerza.

_ Jurar por su nombre y no cumplir (Ecclo. 23,9 y Mt. 5,53).

_ Blasfemar, o sea, insultar el nombre de Yahvé, lo que acarreaba la condenación a muerte (Lev. 25,10)

_ Pronunciar o invocar el nombre de Yahvé sin razón importante. Por esta razón, en los últimos siglos del antiguo testamento los judíos se acostumbraron a no pronunciar el nombre de Yahvé, reemplazándolo por: Señor, o el Nombre, o los Cielos.

Respeta a tus padres: ver Ecclo. 3,2.

No robaras. Para que haya confianza y unión dentro de una comunidad, es preciso que cada uno tenga sumo respeto a las pertenencias de su prójimo, que pague sus deudas y no haga suyo lo que encuentre a mano. Sin embargo, este mandamiento no debe ser invocado para justificar cualquier tipo de propiedad privada. Para la Biblia, la tierra pertenece a Dios y quien la ocupa es solamente su administrador. Los bienes deben ser distribuidos entre todos y si alguno tuvo que vender su herencia, el comprador debe devolvérsela al cabo de cuarenta y nueve años. Esto significa que la Biblia no acepta que algunos se apoderen de la riqueza nacional y otros sean propietarios (ver Lev. 25,13).

En el nuevo testamento se comentan los diez mandamientos: Mt. 5,22 – 5,33; 5,27 Mc. 7,10; Lc. 18,20 Rom. 7,7; 13,9; Stgo. 2,11.

El código de la alianza.

El decálogo (o sea los diez mandamientos) necesita concretarse para que dirija la vida del hombre. Cuando los israelitas se instalaron en Palestina y pasaron de la vida nómada a la de agricultores, se redactó un conjunto de leyes que encontramos a continuación Ex.20,22 – 23,19. Fue llamado <<código de la Alianza>> y, a lo mejor, fue adoptado solamente por las doce tribus cuando se reunieron al llamado de Josué, para renovar la Alianza con Yahvé (ver Jos. 8,30).

No vamos a pensar que Dios dictó a su pueblo todo lo que está en la Biblia. Una prueba de esto es el presente código de leyes. Una parte la forman leyes de los pueblos de Canaán, que los israelitas adoptaron tales cuales son, porque les parecieron justas y buenas. Otra parte son leyes propias de Israel, dictadas por Moisés o consecuentes con su enseñanza. Estas últimas se reconocen porque dicen <<tú>> o <<ustedes>>, o bien empiezan con <<el que>>.

Nótese que Israel agravó las penas contra quien mata a su prójimo (Gen. 4,15 y 9,15). Pues la fe en Dios es lo que fundamenta el respeto a la persona humana. Las sociedades paganas o sometidas a las técnicas no tienen como o para que respetar la vida y llegaran pronto a organizar el aborto, mientras que se estudian leyes para eliminar a los débiles mentales, ancianos y enfermos. Y no se inquietan si se organiza la economía en forma tal que deje millones de marginados condenados a una muerte lenta.

Al presentar este código adaptado a una sociedad primitiva. La Biblia nos invita a promover una legislación adaptada a nuestra sociedad industrial, pero inspirada por el mismo espíritu solidario. Es lo que pretenden ahora las cartas llamadas Encíclicas, en las que la iglesia concreta los principios generales de la convivencia cristiana ajustándose a la sociedad actual. Lo hace porque tiene una visión total del hombre. Entre las más conocidas de estas cartas se destacan las llamadas <<Madre y Maestra>>, <<Paz en la Tierra>>, <<El desarrollo de los Pueblos>>.

Mira que Yo envío mi Ángel delante de ti. Es muy difícil hablar bien de la providencia de Dios con nosotros. ¿Voy a decir a cada momento: << ¿Esto es obra de Dios>>, o bien diré que Dios no se mete en todo esto y que lo que ocurrió fue pura casualidad? Aquí se habla del <<Ángel>> que Dios envía delante de Israel. Es una manera de decir que Dios protege y guía a los suyos valiéndose de innumerables intermediarios, visibles e invisibles.

Harás pedazos sus estatuas. Cualquier comunidad que se libre de los falsos dioses, o sea, de los miedos y de los falsos valores impuestos por la costumbre y la propaganda, verá la liberación de Dios sobre sus empresas.

Conclusión de la alianza.

Los acontecimientos más importantes de la Biblia son a veces los más brevemente relatados. Al pie del Monte Sinaí se firma la Alianza que regirá la vida de Israel. Solamente seis siglos después, los profetas, al ver la continua violación de dicho pacto por parte de su nación, empezaron a anhelar y a anunciar una nueva Alianza, en la cual Dios cambiará la mente y el corazón de sus fieles para que le sirvan sin faltas ni infidelidades (Jer, 31,31).

Dos escenas se juntan en la celebración de la Alianza. Primero Moisés y los notables de Israel presencian la gloria de Yahvé sobre el Sinaí. Luego, a su vuelta, el pueblo firma la Alianza mediante un sacrificio solemne.

Moisés salió con setenta de los jefes. La Alianza es cosa tan inaudita y de tanta trascendencia, que no conviene que el compromiso del pueblo se apoye solamente en la experiencia espiritual de Moisés. Setenta testigos podrán decir lo que han visto. La subida del monte impresionante en su soledad, el azul transparente del cielo en la cumbre, la irradiación del sol, los prepararon para ver la Gloria de Dios. Yahvé se hizo presente y lo <<Vieron>> de alguna manera en una experiencia misteriosa, en la medida en que los hombres pueden encontrar al Dios vivo <<Al que nadie ha visto jamás>> (Jn. 1,18).

Esta es la sangre de la Alianza... Según la costumbre de aquel tiempo, se rocían ambas partes del contrato con la sangre de las víctimas. Como el altar representa a Yahvé, recibe la aspersión por él habrá que recordar estos detalles cuando Jesús declare, en su última cena: <<Esta es la Sangre de la Alianza, que será derramada por una muchedumbre>> (Mc. 14,24).

Dios da las tablas de la Ley.

Con las tablas de piedra, el pueblo guardará un recuerdo de la cita del Sinaí, Estarán, con nosotros recuerdos del tiempo del desierto en un mueble de madera preciosa llamada Arca de la Alianza.

Con el desgaste del tiempo, los hijos de Israel van a olvidar el compromiso que originó las tablas de la Ley. Considerarán el Arca como un objeto milagroso que debe traerles la protección de Dios (1Sam. 4,4). Entonces perderá su razón de ser y Dios permitirá que desaparezca en medio de la catástrofe nacional. Lo mismo desaparecerán nuestras estatuas milagrosas y quedarán vacíos nuestros templos cuando ya no nos recuerden la presencia exigente de Cristo en medio de nosotros.

Según el relato más antiguo, Moisés escribió en las tablas por mandato de Dios (Ex. 34,28). Los relatos más tardíos amplían el asunto, según suelen hacerlo: la escritura era de Dios (Ex. 31,19; 32,16).

(Mi Amado Jesús, ¿Qué explicación nos podrías dar al respecto de la Alianza y de las tablas de la Ley?)

<<Mira mi pequeño saltamontes>> (y se sonríe, mirándome de pies a cabeza). <<los hombres a través de todos los tiempos han tratado de acercarse a Dios, pero llevando una vida que ellos creen correcta, y justa, en su egoísta forma de pensar; allí es cuando interviene Dios y busca la forma de establecer un pacto, una Alianza entre Dios y los hombres. Se han hecho varias Alianzas durante toda la historia de la humanidad, ya que, al pasar cierto tiempo, la fragilidad de la memoria del hombre ha hecho que vaya poco a poco perdiendo el interés que al comienzo mostraba por esa Alianza con Dios. Es así como la última Alianza que hice en nombre de Dios nuestro Padre, con los Apóstoles y por ende con la humanidad entera, ofreciendo mi propia sangre, tomando yo el lugar del cordero del sacrificio, que se acostumbraba en esos tiempos, y para que así sea más perdurable esta Alianza, a través de los siglos; sin embargo, la humanidad entera, se está olvidando de esa Alianza, que es nueva y eterna, como lo dije en aquel día.

Si una Alianza sellada con la sangre del Hijo de Dios convertido en hombre, esta poco a poco olvidada, imagínate como no se iban a ir diluyendo a través del tiempo en la mente de los hombres, las Alianzas anteriores, selladas con sangre de becerros o corderos.

Por eso hoy les vuelvo a recordar aquellas palabras que pronuncie aquel día. Esta es mi sangre, sangre de la Alianza nueva y eterna, que será derramada por vosotros y por todos los hombres para el perdón de los pecados.

Quiero que de esta última y definitiva Alianza no se olviden jamás, ya que no habrá otra Alianza, ni el Hijo de Dios volverá a derramar su sangre para redimir los pecados de la humanidad>>. (Pues, lo vi muy serio y preocupado).

Luego me dijo: <<Con respecto a las tablas de la Ley, el hombre es llevado por el mal, casi siempre, y necesita que lo arenguen a cada rato, por ello es muchas veces necesario que alguien escriba Leyes, sea en tablas, en libros o en ciber memorias hoy en día.

Que, si Dios escribió con su puño y letra en aquellas tablas, o que si fue Moisés quien lo hizo, no tiene mayor importancia, porque la Biblia en sí, fue escrita por las manos del hombre, o de muchos hombres; pero fue dictada e inspirada por Dios. Así mismo las tablas de la Ley, fueron dictadas e inspiradas por Dios, y deberían de ser más que suficientes esos diez mandamientos, para poder vivir en paz y armonía entre todos los hijos de Dios en esta tierra. Pero desgraciadamente el hombre se ha rebelado contra Dios, y no son suficientes mandamientos como para que quiera obedecerlos. Sin embargo, te digo que, si hoy te dicto los diez mandamientos multiplicados por mil, igual los va a desobedecer, por lo tanto, quiero que vuelvan los ojos a los diez mandamientos básicos que Dios dictó a Moisés y los pongan en práctica. Solamente habría que cambiar o añadir ciertas frases como: No ROBARAS por NO SEAS CORRUPTO, etc. etc. Y así volverán a ser gratos a los ojos de Dios nuestro Padre>>. (Y se sonrió)

El becerro de oro.

Los dones de Dios son demasiado pesados para los hombres mientras él no les transforme desde adentro. Así como Adán desobedece desde el principio, también Israel después de recibir la Ley. Ya empieza la convivencia difícil de Israel con su Dios. la amenaza, castiga y luego perdona.

Esta primera vez Moisés se asusta: cree que, usando medidas drásticas, hará volver a Israel al camino derecho y el pueblo se hará más responsable. Pero pasan los años y el pueblo no deja de pecar. Entonces los profetas se convencerán de que al hombre en la tierra no le basta una Ley, sino que necesita un corazón nuevo.

Los hebreos quieren, según un deseo muy natural, tener una imagen de Dios, algo que les de la seguridad de que está al lado de ellos: no reniegan de Yahvé, pero lo quieren diferente de lo que es en su misterio. Para los israelitas, como para otros pueblos de su tiempo, la fuerza y la lozanía del becerro eran la perfecta figura del todopoderoso que necesitaban.

Posiblemente el becerro era de madera cubierta con oro: por eso Moisés lo podrá quemar. No le falta el oro, pues los hombres son generosos mientras se trata de una religión a su gusto.

Voy a exterminarlos. De ti, en cambio, haré nacer un gran pueblo. En el momento que falta la fidelidad del pueblo, Yahvé pide a Moisés una prueba excepcional de su propia fidelidad. Le sugiere que sus propios descendientes podrían muy bien formar un nuevo pueblo de Dios en reemplazo de estos irresponsables. Pero Moisés ha comprendido que esto no puede ni debe ser: Dios nunca desmentirá sus promesas a Israel. A él le corresponde sacrificarse hasta el final para salvar a estos pecadores. No busca para los suyos, ni salvación, ni dones espirituales, en perjuicio del pueblo que recibió la Alianza.

Moisés sale vencedor de esta prueba y merece conseguir el perdón para Israel. Dios le permita estar de pie ante Yahvé para detener su enojo (Sal. 106,23). En varias partes de la Biblia Moisés será presentado como el intercesor que tiene autoridad para pedir en nombre de su pueblo. Y más tarde se verá en él la figura de Jesús. Único mediador e intercesor.

Al bajar Moisés se escuchaba la respuesta irresponsable de Aarón, que echa la culpa al pueblo. Aarón ha actuado como sacerdote oportunista, que quiere agradar al pueblo, y bien pronto se le olvida de la misión que recibió de Dios, no del pueblo. No se olvide que Aarón era el patrono y modelo de los sacerdotes judíos. Los sacerdotes que escribieron estas páginas reivindicaban para sí la misma autoridad de Moisés, del que guardaban las enseñanzas. Pero no por eso se creían mejores de lo que eran, y fueron bastante humildes para presentar a Aarón, su antepasado, como un hombre bien común y corriente, cuyos actos no estaban a la altura de su dignidad eminente.

En cuanto al pueblo, no logrará borrar tan fácilmente sus pecados. Los relatos que se mezclan en este capítulo no concuerdan. Los vers. 35 hace pensar en un castigo como la peste. El trozo 25-29 da a entender que no todos habían participado en la rebeldía. Las familias de sacerdotes, los levitas, son más fieles y ayudan a Moisés a restablecer su autoridad: empiezan matando a los culpables. Por eso hoy les da la bendición: porque su celo por Dios les hizo despreciar cualquier solidaridad <<según la carne>>.

Muchos detalles de este relato se deben a que los que escribieron esta página, siglos después, se inspiraron en lo que ocurría en los santuarios de Betel y de Dan, en que el rey Jeroboán hizo poner becerros para representar a Yahvé (1Re. 12,26).

<<**Mira Edmundo**, en esta parte del camino, voy a decirte que, vas a sufrir uno de los sacudones más grandes por la explicación que te voy a dar y por lo que vas a tener que escribir; pero no te aflijas, que Yo estaré a tu lado en todo momento.

La ira de Yahvé nuestro Padre Dios, es a veces incontenible y quisiera castigar de la manera más enérgica el pecado de la desobediencia y la falta de fe en su palabra y sus promesas. Aquello de dudar de su existencia espiritual, y el querer hacerse una imagen física del Dios Creador de todas las cosas, desobedeciendo su mandato, de no fabricarse dioses o ídolos a quien adorar.

Las imponentes y majestuosas edificaciones, hechas por los países más ricos y poderosos del mundo, son iguales a las edificaciones hechas por los faraones en la época de la esclavitud del pueblo de Israel, y al igual que los ídolos de pequeña estatura fueron ídolos de la opulencia, y fueron y son una bofetada a la humildad y a la pobreza, y por eso fueron y serán destruidos por Dios; a través de sus enviados, buenos o malos a este mundo>>.

Este viaje a través de los pasajes y capítulos de la Santa Biblia fue suspendido, no recuerdo exactamente en qué día del mes de agosto del 2001. Por un viaje que hicimos con parte de mi familia a los EE. UU. De Norteamérica, y lo vuelvo a retomar **hoy Domingo 31 de marzo del 2002.**

En realidad, me asombran dos hechos que realmente son increíbles. Al retornar del corto viaje con mi familia, no a muchos días de esto, sufre el más grande atentado en la historia de los últimos tiempos, la nación más poderosa del mundo, hoy, y destruyen precisamente uno de los símbolos más grandes de la opulencia, el poder y la economía de los EE. UU, las Torres Gemelas.

A raíz de este hecho, la economía mundial ha tambaleado y se ha estremecido en forma tal, que nos ha afectado a todos en general, pobres y ricos, sabios y poco instruidos. Otro de los hechos que a mí personalmente me ha tocado vivir es que; tuve que retornar a los EE. UU. y concretamente a ciudad de New York donde sucedió este atentado al que me he referido. Y lo peor de aquello es que tuve que hacerlo en pos de trabajar para poder sobrevivir y poder cumplir ciertos compromisos económicos que había que cumplir aquí en mi país Ecuador, ya que los negocios se paralizaron y las mercancías traídas en mi anterior viaje, hasta el día de hoy que estoy escribiendo estas líneas, no se han podido comercializar.

Pero en verdad me doy cuenta mi Hermano Jesús que, este era un pretexto para llevarme a vivir en carne propia las experiencias que tienen que sufrir todos nuestros compatriotas y los millones de emigrantes de todas las partes del mundo que llegan a vivir en el hoy país más poderoso del mundo. En aproximadamente 60 días que tuve que estar allí, pude ver y palpar de cerca, toda la clase de vejámenes y maltratos, tanto físicos como morales, a los cuales están expuestos todos los esclavos voluntarios que, muchas veces arriesgando sus propias vidas, hasta allí han llegado en pos de buscar trabajo y ganar dinero para desde allí, poder mantener a sus familias que quedaron en su país de origen. Y lo que me he podido dar cuenta es que, la esclavitud no ha terminado, ni terminará jamás, mientras que el propio hombre no tome conciencia que las cosas materiales de este mundo, no son necesarias para alcanzar la verdadera felicidad, y que para vivir como fue la intención original de Dios, al crear al hombre, y ponerlo a vivir sobre la faz de la tierra, no es necesario acumular riquezas, ni tratar de vivir sin hacer el menor esfuerzo para poder llevarse un poco de alimento a la boca y para vestir su desnudez, ni tener las mejores comodidades y creer que ese era el propósito de su vida.

Y ahora, Señor, mi Hermano Jesús, ¿Qué clase de Moisés hará falta para sacar a ese pueblo oprimido y esclavizado que hoy se encuentra? ¿Cómo tratar de convencerlos para que salgan hacia la tierra prometida, la tierra de sus ancestros?

Si en la época de la esclavitud, que estamos tratando en esta parte del camino de la Biblia, los egipcios a través de sus vasallos, tomaban prisioneros a la fuerza para convertirlos en esclavos, y no les permitían salir de los muros de sus ciudades, hoy construyen también muros, pero para que no entren más esclavos, y los reprimen con dureza y hasta con brutalidad, pero para que se vayan y no regresen, y así escarmienten y no lleguen más esclavos voluntarios, a presionar y hasta a obligarlos a que los cojan como esclavos.

<<**Mira Edmundo**. En realidad, Moisés vivió y murió en su época, y es válida tu preocupación de pensar y ahora como liberarlos de la esclavitud, sin un Moisés a la cabeza. Pero no es misión imposible, aunque si va a ser una labor titánica y que va a durar mucho tiempo.

En realidad, para que la esclavitud vaya disminuyendo y algún día se termine, es necesario que la humanidad entera tome conciencia de lo que está sucediendo hoy en día. El esclavizador al igual que el demonio ya no necesita la fuerza, sino la tentación; los están tentando a vivir de una forma que cada uno se convierta en un pequeño rey, rodeado de miles de comodidades y de servidores, que supuestamente son los que le van a ayudar a hacer todas las cosas, más para conseguir estas comodidades y servidores, tiene que él primero incomodarse y ponerse al servicio de otro, para así conseguir el dinero y adquirir lo que él desea.

Partiendo de este principio, ya tenemos un potencial esclavo; pero si este potencial esclavo vence esa tentación y decide vivir, de la manera más simple, empezando por conformarse con lo que tiene y hacer buen uso de aquello, sin esperar convertirse en un mini rey, de la noche a la mañana, con el paso del tiempo y con una vida apegada a los mandamientos de Dios nuestro Padre, se dará cuenta que tiene lo necesario e indispensable para poder vivir y que no es esclavo de nadie, y no necesitó salir de la tierra prometida, la tierra que le heredaron sus antepasados.

Este es el único Moisés que sacará de la esclavitud a los millones de esclavos de estos tiempos y los tiempos venideros, no esperen a otro Moisés porque no existe y no existirá ya más>>.

(Que así sea, mi Señor Jesús, y que tu palabra sea escuchada.)

La tienda de las citas.

La tienda de campaña llamada tienda de las citas divinas fue el primer templo de Dios en medio de su pueblo. Nótese que se puso fuera del campamento, a alguna distancia, y que se habla de ella solamente después que pecó el pueblo. Dios ya no conduce directamente a Israel, sino que por intermedio de su ángel (32,34 y 33,32), y se encierra de alguna manera en este templo, porque los corazones no lo pueden recibir.

Si Dios se mantiene a distancia de los hombres y no le manifiesta claramente su presencia, no es tanto para castigo nuestro como para conformarse a nuestras posibilidades: sería cosa tremenda sentir la presencia de Dios antes de estar dispuesto a consentirle todo.

Dios ha bajado en el Sinaí para hablar a su pueblo. Sin embargo, no se ha comunicado en forma personal con estos hombres pecadores que todavía están empezando la primera etapa de la vida de fe, en que predomina la obediencia a la Ley. Solamente se comunica con Moisés cara a cara (33,11), o sea de Espíritu a Espíritu (a diferencia de estas comunicaciones inferiores que son los sueños, visiones y apariciones: Núm. 12,6).

El pueblo se conforma por ser acompañado por el ángel de Yahvé, o sea, con su ayuda y providencia. Moisés, en cambio, tiene sed de otra presencia, pues su papel de jefe y profeta lo ha apartado de sus hermanos y colocado en una soledad muy grande. Quiere que lo acompañe el rostro de Dios, o sea, una presencia personal mediante la cual Dios le da a conocer sus intenciones.

Luego Moisés insiste: que tu rostro nos acompañe. O sea que Dios se Dé a conocer a su pueblo también, para que este no sea solamente un pueblo protegido por Dios, sino un pueblo santo y que conoce a Dios. La respuesta es positiva, pero solamente con el correr del tiempo Dios se dará a conocer con más generosidad. Jesús pedirá este conocimiento para todos aquellos que integran su iglesia (Jn. 17).

Yahvé pasa ante Moisés.

El párrafo que comienza es uno de los más profundos de la Biblia y nos habla en forma figurada de como Dios acepta a darse a conocer en forma personal y directa.

Déjame ver tu Gloria. En realidad, Dios no se dejará ver, sino que él mismo pronunciará su nombre, o sea, dejará impreso su poder y Gloria en aquel que lo quiere ver.

Te vas a quedar de pie sobre la roca. O sea, me esperas ahí en la soledad, desprendido, despierto y disponible para el momento que yo quiera, pues mis favores los doy a quien los quiero dar.

Te cubriré con mi mano. Cuando Dios quiere favorecer a alguien con la unión mística, se adueña más o menos de su mente y por un tiempo más o menos largo. Entonces le quita toda palabra, toda idea y todo recuerdo, y lo mantiene a la fuerza en el vacío, suspenso a su sola presencia, como muerto a todo lo exterior: te pondré en el hueco de la roca. Y así se queda hasta que el Señor haya pasado. Después sacare mi mano: entonces podrás recapacitar y decirte a ti mismo que has encontrado.

Yahvé, pues, pronuncio su nombre, dejándolo gravado en lo más profundo del espíritu, y este nombre no es otro que el conocimiento y la experiencia de la misericordia infinita. Moisés, al terminarse este tiempo de unión total con el Señor, no tiene ya ambición o deseo personal: solamente le importa que se realice el proyecto de Dios de entregar a los hombres la herencia Divina.

La Ley de la Alianza. Aquí viene otro texto muy antiguo, considerado por Israel como uno de los que mejor expresaban las exigencias de Dios al celebrarse la Alianza. A diferencia del Decálogo, insiste antes que nada en los ritos y fiestas que mantienen la fe.

Moisés desciende del Monte. La piel de su cara se había vuelto radiante por haber hablado con Yahvé. Este signo exterior delata la transformación profunda obrada por Dios en aquellos que se presentan ante él a cara descubierta. Este misterio se aclarará en mc. 9,2 y 2Cor. 3,12-18. (ver Ex. 34,1-35).

SEGUNDA PARTE DEL EXODO

La construcción de la Morada.

La continuación de los recuerdos referentes a la vida de los israelitas en el desierto está en los capítulos 11 al 16 y 20 al 24 del libro de los Números.

La misión de Israel en adelante es servir a Yahvé, el culto religioso no es todo, puesto que Yahvé pide que le sirvan con la manera de vivir y cumplir todos sus deberes. Es, sin embargo, una parte insustituible del servicio de Dios. Cada pueblo y cada época tienen ritos. Signos, lenguaje, para celebrar el culto religioso. Los ritos del antiguo testamento ya no tienen interés para nosotros. En estas condiciones, poco nos interesan los capítulos 24 -40 del Éxodo, referentes al santuario del desierto: al leerlos, sin embargo, descubrimos algo de la mentalidad y de la fe de Israel.

Siglos después de Moisés las tradiciones del pueblo hebreo recordaban como en el desierto una tienda guardaba el Arca de Dios. El Arca era una caja de madera preciosa que contenía las tablas de piedra, en las que se había grabado la Ley, junto con un poco de maná y otros recuerdos de las maravillas que Dios hizo en el desierto.

Cuando los sacerdotes de Israel redactaron los presentes capítulos, el pueblo de Dios tenía en Jerusalén un templo maravilloso para guardar el Arca. Les agrado pensar que la tienda del desierto había tenido alguna semejanza con el templo; con toda intención le dan dimensiones que son la mitad del templo de Jerusalén. Y pensaban que Moisés había fabricado esa tienda, siguiendo al detalle las instrucciones del mismo Dios. (ver Ex. 25-40).

<<Hasta aquí concluiremos la primera parte del recorrido que emprendimos, a través de los pasajes de la Santa Biblia; por considerarlos como los dos acontecimientos de mayor importancia en la historia de la humanidad, ya que en estos dos capítulos es donde con mayor claridad vemos la intervención de Yahvé, Dios nuestro Padre, tanto en el momento de la creación de todas las cosas: animales, vegetales, el hombre, etc. Como también en el momento en que dicta sus leyes o mandamientos a la humanidad, a través de Moisés, esculpiendo en piedra sus únicos pero completos diez mandamientos.

De aquí en adelante te sugiero que lo menciones brevemente. Y que todo aquel que se cree un buen seguidor de mi filosofía, está en la obligación de leerlos como cultura general, ya que, los acontecimientos narrados, las leyes dictadas, los salmos cantados, son hechos que no son aplicables a todas las culturas, ni a todos los tiempos. Te espero en el nuevo testamento, para que juntos lo recorramos>>.

(**Gracias mi Amado Jesús**, en primer lugar por haberme acompañado en este recorrido por estos dos capítulos que en realidad son la base de la humanidad; y luego por darme la oportunidad de querer aportar en algo a que la humanidad entera trate de entender, el verdadero significado del mensaje de Dios, hacia los hombres, y el verdadero significado de la presencia del hombre en este mundo, ya que no es una mera casualidad, ni es una aparición espontánea como muchos quieren creer, de la presencia de una raza tan especial, como la raza humana en medio de la hermosa creación de Yavé.

Para no hacerlo muy cansado este recorrido, a través del resto de capítulos de la Santa Biblia, solamente voy a referir la introducción que hace la misma, de cada capítulo; en realidad como lo mencionó Jesús, nuestro Amado Hermano y guía, son cosas y hechos que no pueden ser aplicables en nuestros tiempos, o en nuestras culturas, aunque si nos pudieran servir como punto de referencia para un buen vivir, y para formarnos como buenos hijos de Dios, **y así alcanzar la gracia ante sus ojos).**

LEVITICO

INTRODUCCION AL LEVITCO.

Cuando el niño Jesús cumplió cuarenta días fue presentado en el templo <<según la Ley de Moisés>> y ofrecieron por él <<un par de tórtolas, según está escrito en la Ley>>. Al sanar a un leproso, Jesús lo manda a los sacerdotes para <<presentar la ofrenda prescrita por la Ley>>. Se podrían multiplicar semejantes ejemplos, demostrando que Jesús nació en un pueblo que tenía una religión muy organizada, con autoridades religiosas, fiestas, ideas bien precisas sobre lo que agrada a Dios. Estas leyes y ceremonias formaban un cuadro estrictamente codificado en que no había cabida para la anarquía.

En Israel, como en todas las sociedades primitivas, la religión se unía estrechamente con el orden social y la cultura (así los sacerdotes eran competentes para diagnosticar la lepra), por esto las sociedades primitivas son conservadoras, pues consideran que Dios ha fijado el orden social vigente y este debe mantenerse siempre así. En Israel, sin embargo, a diferencia de los demás pueblos, los sacerdotes y profetas sabían que la historia, está en marcha. Y por esto hubo un progreso de las leyes civiles y religiosas más que en cualquier otro país. Pero en tiempos de Cristo el conservadorismo logró prevalecer, preparando así la ruptura con los cristianos, pues mientras los judíos se aferraban a la observancia de la letra de la Ley, Pablo decía que esta ley era propia de la cultura judía y no se podían imponer a los cristianos de otras razas. Y también Juan demostraba que Jesús había creado un mundo nuevo en que no cabían prácticas antiguas.

Sin embargo, estas leyes están en la Biblia. Si bien nos cuesta algún esfuerzo leerlas, sacaremos de estas lecturas doble provecho.

_ Ver como Dios educó a su pueblo, durante siglos, a partir de la cultura propia de ese pueblo; estas leyes no fueron dictadas por Dios desde el cielo, sino que fueron elaboradas por Moisés, y después de él, por los sacerdotes a cargo de la conducta religiosa del pueblo.

_ Por muy antiguas y a veces anticuadas que sean estas leyes y prácticas, inspiran, al cristiano que las lee con fe, reflexiones nuevas referentes a lo que Dios nos pide hoy en su Iglesia.

La mayoría de las leyes de la Biblia están en el Levítico, los Números y el Deuteronomio. Al Levítico se le nombró así porque contienen leyes que los sacerdotes de la tribu de Leví debían conocer, practicar y enseñar, y contienen tres grandes partes:

_ Ley de los sacrificios, cap. 1-8.

_ Ley referente a lo puro e impuro, cap. 11-15.

_ Ley de la santidad, cap. 17-26.

El Levítico fue redactado en forma definitiva durante el destierro a Babilonia.

NUMEROS

INTRODUCCION A LOS NUMEROS.

Este libro se llama <<Los Números>> porque empiezan por las cifras de un censo del pueblo hebreo. Para él vale lo que se dijo en la introducción al Levítico: los censos, sucesos y declaraciones de Yahvé a Moisés son solamente una manera de presentar leyes que reunieron o que redactaron después de él los sacerdotes de Israel.

Sin embargo, se deben considerar a parte los capítulos 11-14 y 20-25, en que se conservan varias tradiciones y recuerdos muy antiguos referentes al tiempo del desierto y que completan lo que leímos en el Éxodo.

Es conveniente que el lector se remita a la Biblia a leer, todos los capítulos que aquí no se los trata minuciosamente, ya que como lo mencionan los autores de "LA NUEVA BIBLIA LATINOAMERICANA" son sucesos y recopilaciones de leyes y tradiciones del pueblo hebreo, que eran válidas en aquella época; pero que bien vale la pena leerlas como cultura general, para así darnos cuenta, porque vivían bien y con temor de los mandamientos y leyes de Dios.

También, a continuación, transcribiré una sentencia que allí está escrita, y un breve perfil de lo que era, la tierra prometida.

"escucha Israel: Yahvé, nuestro Dios, es el único Yahvé, y tú amaras a Yahvé tu Dios con todo tu corazón, con toda tu alma y con todas tus fuerzas, graba en tu corazón los mandamientos que yo te entrego hoy, repíteselos a tus hijos, tanto en casa como cuando viajes, cuando te acuestes y cuando te levantes.

Grábalos en tu mano como una señal y póntelos en la frente para recordarlos.

LA TIERRA PROMETIDA.

Esta es la <<**Tierra que mana leche y miel**>> y que Dios prometió a Abraham para sus descendientes. En tiempo de Abraham se llamaba Canaán. Después le quedó el nombre de Palestina o tierra de Israel.

Extensión mayor: 25.000 Kms.

De norte a sur: 250 Kms,

Ancho de 50 a 150 Kms.

Al Oeste, la **costa mediterránea:** una llanura fértil y bien regada que perteneció largo tiempo a los Filisteos antes que los Israelitas los sometieran.

Al Oeste un valle, el **valle del Jordán.** Este río atraviesa los pantanos de Meron, luego el lago de Queneret, que, en tiempos de Cristo, se llamó Lago **Tiberidaes**. O Mar de Galilea o también lago de Genesaret. Corre hacia el sur, uniéndose en la falla más profunda del mundo, pues termina en el **Mar Salado** (o Mar Muerto), cuyas orillas están a 400 metros bajo el nivel del nivel de los Océanos. Este mar o lago es tan salado que en él mueren los peces y a sus orillas no crece ninguna planta ni se ven aves ni insectos.

Dos sectores de cerros: **cerros de Judá,** al sur; **cerros de Samaria,** al centro. Más al norte está la **llanura de Israel** y el territorio que pasó a ser la provincia de Galilea.

Los Israelitas ocuparon durante algunos siglos los cerros de **Basán** y de **Galaad**, al otro lado del Jordán.

Productos: cereales y frutas en las llanuras; viñas y olivos en las pendientes; ganado, especialmente el ganado menor, cabras y ovejas.

El burro era el animal de carga. El caballo solamente se usaba en la guerra. El caballo se usó en el sur, más desértico, debido a que puede resistir largo tiempo la sed.

El agua es el elemento más importante en este país, muy caluroso durante gran parte del año. Donde hay agua es el paraíso. Donde no hay, el desierto. Los torrentes impetuosos que surgen en la estación lluviosa desaparecen en el suelo antes de haber regado los campos. Por eso, por todas partes se construyen pozos y estanques. El **agua** es en la Biblia el símbolo de la vida: Dios da el agua de vida.

DEUTERONOMIO

INTRODUCCION AL DEUTERONOMIO.

Nadie duda entre nosotros que el **AMOR** Es lo esencial de la vida de la fe. Sin embargo, a pesar de que mucho se habla de amor, poco se ama. Por lo tanto, es patente que nuestra buena voluntad no basta para amar como Cristo nos enseñó.

El amor viene de Dios y es en nosotros obra de inspiración de Dios. Para amar necesitamos saber primero que; EL NOS AMA y que, además, este amor a nuestra persona es algo único: Dios nos ha ELEGIDO, pues ninguna chiquilla creerá que algún joven la quiere si no la ha elegido a ella, y solamente a ella. Cuando decimos que Dios ama a todos los hombres, pensamos habitualmente en una bondad de Dios, desde lejos y sin gran compromiso para él, nunca comprenderemos, hasta qué punto este amor es personal, único y total, mientras no usemos las mismas palabras de la Biblia, la cual habla de elección.

¿Y porque decimos que Dios nos ha elegido? Porque se dio a conocer a nosotros de una manera muy singular en una continuación de intervenciones SOBRENATURALES que llegaron a su punto culminante con la venida de Cristo.

Una vez interiorizados de lo anterior comprendemos que el amor no es nada si no se ama con FIDELIDAD. Seguro de que Dios nos eligió y tomó en sus manos nuestro porvenir, podemos amar con fidelidad, es decir, comprometernos de una vez, sean cual sean los riesgos de la vida. Este es el mensaje del Deuteronomio.

Deuteronomio significa segunda Ley, y fue llamado así por estar ubicado en la Biblia después del conjunto de leyes que ocupan los libros del Levítico y de Los Números. Sin embargo, fue escrito antes que éstos; fue el primer intento para unificar mandamientos y costumbres y para dar a Israel la Ley en que encontraría la vida. El Deuteronomio aprovecha la predicación de los profetas referente a la justicia y al amor: es el primer esfuerzo que se haya hecho en el mundo para crear una sociedad solidaria y fraternal.

De las dos familias que formaban el pueblo de Dios, la más grande y próspera, Israel, reino del norte, había dejado de existir en el siglo VIII antes de Cristo. Cien años después, la misma suerte amenazaba al reino del sur, Judá. Fue entonces cuando llegó a ser pública esta Ley de Yahvé que denunciaba al pueblo judío la causa de sus reveces y le ofrecía una oportunidad para salvarse. En el año 662 se descubrió en el templo el manuscrito del Deuteronomio, salvado de la anterior persecución religiosa, y su descubrimiento origino la reforma de Josías (ver 2Reyes 22).

LOS LIBROS HISTORICOS DEL ANTIGUO TESTAMENTO.

Historia Sagrada es toda la **historia humana,** pues el trabajo, el amor, las crisis internacionales y las luchas por la justicia, forman parte del plan de Dios. Pero solamente en Israel Dios aclaró el significado de esos acontecimientos que a todos los hombres les toca vivir. Solamente en Israel dio a comprender que la historia de los hombres tiene sentido de una liberación (o redención) de la humanidad.

Historia Sagrada es la **historia de Israel,** más que la de cualquier otro pueblo, porque este fue el pueblo que Dios eligió de entre todos y del que hizo el educador. A ese pueblo dio el mensaje que debía salvar a la humanidad; a ese pueblo se dio a conocer e intervino en forma directa y a veces violenta en su historia, por intermedio de sus servidores los profetas.

Historia Sagrada, historia al servicio del hombre. Aquí no valen las críticas del historiador moderno, atento a no apartarse de la exactitud material de los hechos: ni olvidar ni exagerarla.

Al contrario, se escogen y se ponen de relieve los hechos que permiten comprender mejor la actuación de Dios entre los hombres, dejando a un lado lo que no tiene mayor importancia para la liberación en marcha.

Historia Sagrada, historia **hecha de barro.** Ni siquiera los mejores tienen las manos limpias de sangre (Léase la historia de David).

El pueblo de Dios es un pueblo como los demás, horriblemente mediocre, y la injusticia es su Ley, a pesar de que tienen la Ley de Dios. ¿Acaso será ésta la obra de Dios? Debemos contestar que sí, y al final de estos tiempos de preparación, el pueblo judío estuvo preparado para recibir a Cristo.

Los **Libros históricos** del antiguo testamento nos ayudan a comprender la **Historia de la Iglesia.** Cristo no quiso que su Iglesia fuera una secta de <<separados>> como por ejemplo los fariseos. En cuanto la Iglesia salió de la clandestinidad, abrió sus puertas a todos y, luego, se encontró llena de todas las miserias de la humanidad, como había sido el pueblo de Israel. La historia de los pueblos <<cristianos>> no ha sido inferior a la historia sagrada, a pesar de que hubo entre ellos guerras continuas, explotación, colonización, etc. De estos pueblos <<cristianos>> y tan indignos de su nombre han sido todas las ideas que mueven ahora a toda la humanidad; y esto, gracias al fermento puesto por Cristo en la Iglesia.

El fermento ha estado mezclado con la masa durante veinte siglos, según la voluntad de Cristo. Se habría conservado más puro, pero inútil, si se hubiera apartado de la humanidad común y corriente, como hacen algunos <<perfectos>>. Pero, a pesar de todas las fallas de la Iglesia, su Señor no la ha abandonado.

No es necesario apartarse de ella para conformase mejor al <<sentido de la Historia>>, pues el Espíritu la renueva constantemente, haciendo que de ella broten nuevas energías y santos creyentes adaptados al mundo de hoy.

(Leyendo estas apreciaciones hechas hace aproximadamente una década hechas por los editores de este libro que hoy se encuentra en mis manos y del cual estoy tomando muchas de sus apreciaciones, y transcribiendo al pie de la letra muchos pasajes bíblicos, esto es de "LA NUEVA BIBLIA LATINOAMERICANA", me doy cuenta que a pesar de haber sido escrita hace miles de años, los libros del antiguo testamento, hoy tienen vigencia; y por desgracia esto de que el pueblo de Israel era un pueblo violento, que hubo mucha muerte y destrucción; antes de ser aceptadas y puestas en práctica las enseñanzas y doctrinas de Cristo Jesús. Hoy en la actualidad día 11 del mes de abril del año 2002, los noticieros televisados, escritos y cibernéticos, dan cuenta de la brutal violencia con que se disputan el pueblo natal del Hijo de Dios, la ciudad de Belén, y se mira y escucha, la destrucción hasta hoy parcial del más grande templo que ha tenido la humanidad, el templo donde fue presentado ante su Padre Jesús cuando niño; y muchos otros lugares, símbolos de la presencia del Hijo único de Dios. Dios hecho Hombre.

De acuerdo con la lectura anterior sobre la historia sagrada, esta es otra etapa de la "historia Sagrada" de hoy, y también "historia humana". Ojalá que tanta sangre derramada sobre la tierra, llamada santa, sirva como lo dijo la lectura anterior, de fermento para que luego salga fertilizada la fe en Cristo; Dios venido a la tierra en forma de Hombre, y la fe en Yahvé, Dios Padre, y Dios Espíritu Santo que moran en el Cielo.

Así como otrora Israel, el primer pueblo, experimentaba la presencia de Dios que salva, cuando la liberaba de la opresión de Egipto, así también nosotros, nuevo pueblo de Dios, no podemos dejar de sentir su paso que salva, cuando se da el verdadero desarrollo, que es el paso, para cada uno y para todos, de condiciones de vida menos humanas a condiciones de vida más **humanas**).

Introducción.

Mt. 26,28 Mc. 10,15 Lc. 1,68

Hechos. 20,28 Jn. 11,52 Rom. 8,23

Col. 1,13 Heb. 9,15 1Pe. 1,18 ap. 1,5

JOSUE

INTRODUCCION A JOSUE.

Moisés condujo a los israelitas hasta las llanuras de Moab, al otro lado del Jordán; les faltaba entrar en la tierra prometida a sus antepasados.

A pesar de la recia dirección de Moisés, Israel no era una nación organizada: solamente el agrupamiento de varias tribus, familias y poblaciones, unidas por su común aventura. Al leer detenidamente la Biblia, parece que parte de ellas no se quedaron con Moisés en el oasis de Cades y entraron en Palestina por el sur, antes que Josué. Otros habían ido a ocupar las mesetas de Moab (Núm. 32).

Los que pasaron el Jordán en tiempos de Josué, la mayoría de las veces, penetraron pacíficamente. Con sus tiendas de campaña y sus rebaños se instalaron en los cerros, entre las ciudades fortificadas de los Cananeos, dejándoles las llanuras, donde tenían mayor organización. Vivieron al lado de los agricultores y se relacionaron con ellos. Los habitantes de

Canaán eran más ricos, y con una cultura superior. Muchos israelitas adoptaron sus usos y sus dioses, corriendo el riesgo de desaparecer como pueblo.

Los que salvaron a Israel fueron los más valientes, que, junto a Josué, decidieron conquistar el país. Nos repugnan las violencias que cometieron: ellos, sin embargo, cumplían con los medios de esa época, el designio de Dios. Las ciudades y Reyes de Canaán (no eran más que jefes locales) estaban muy desunidos. Contra ellos Josué organizó una serie de golpes y asaltos, con los que mantuvo La conciencia nacional de Israel, y empezó la lenta conquista del país, que solamente se iba a concluir dos siglos más tarde, gracias a David.

Siempre son las minorías activas las que hacen la historia. Cuando hablamos de la Iglesia y su penetración en el mundo, se trata solamente de una minoría de creyentes: los demás no son conscientes de su misión. Así también se habla de movimientos de emancipación, cuando en realidad son poco numerosos los que viven conscientemente tales esperanzas. Sin embargo, las minorías, los militantes hacen progresar toda la masa. Al paso con Israel. Cuando en el siglo VII antes de Cristo, es decir cinco siglos después de Josué, los profetas reunieron los documentos que tenían sobre la conquista con el fin de redactar el presente libro, no pretendieron narrar una historia exacta y completa. Se ciñeron a la narración de estas operaciones que habían preparado y posibilitado la formación de la futura nación. No nos engañen entonces las apariencias del libro cuando dice que <<Todo Israel>> combatió con Josué, o cuando da a entender que éste sometió a toda Palestina matando a todos sus ocupantes. El Libro de Josué cuenta los hechos pequeños que construyeron una gran historia. Insistimos que, como cultura general, debemos leer el libro de Josué; de allí podemos rescatar grandes valores de fe, paciencia y esperanza, así como de la presencia de Dios, y su ayuda, cuando se piden las cosas con toda fe y humildad. Son estos los aspectos que, son válidos en la actualidad y lo serán en el futuro.

Algunas fechas en el antiguo testamento.

Nota: En los continentes tradicionalmente cristianos, se tomó la costumbre de contar los años a partir del nacimiento de Cristo, ya sea antes o después de él.

Después de Cristo, a medida que pasan los años, la cifra va aumentando. Por ejemplo, uno nace en 1940 y muere en 1970. Por el contrario, antes de Cristo, al paso que corren los años, uno se acerca a él y la cifra disminuye. Por ejemplo, Salomón empieza a reinar en 970 y muere en 931. El siglo XVI antes de Cristo es anterior al siglo XV.

1750 (antes de Cristo). Dios dijo a Abraham: <<Sal de tu patria, te daré una tierra y una descendencia>>. Es el comienzo de la historia Sagrada. Dialogo de amistad entre Dios y << su >> amigo. Dios se compromete para siempre con este hombre y sus descendientes.

1250: Moisés. Los descendientes de Abraham están en Egipto. Por medio de Moisés Dios los libera de la esclavitud para llamarlos a su propio servicio. Dios guía a su pueblo a través del desierto. Consuela, suplica y se enoja <<como quien corrige a su hijo>>. El pueblo es pecador y necesita una Ley rígida; Dios se la entrega en el día que celebre con ellos la primera Alianza, en el cerro Sinaí.

1200: las doce tribus entran en Canaán con Josué. Algunas victorias les permiten establecerse en el país. Cuando les va mal recuerdan a Dios y él les manda libertadores: los Jueces.

1000: David, el primer Rey, se apodera de Jerusalén. Pasa a ser el ejemplo de hombre que amó sinceramente a Dios. Y Dios a su vez se comprometió con él y sus descendientes: <<Tus hijos siempre reinarán en mi pueblo>>.

970: empieza el Reino de Salomón, hijo de David. Nada le falta: oro, sabiduría, poder militar. Pero trata de realizar sus propias ambiciones más que procurar el Reino de Dios.

930: Consecuencias del pecado: el cisma, o sea **división del reino.** El reino del norte, capital de Samaria, se aparta de los Reyes hijos de David que Reinan en Jerusalén. El pueblo, al igual que sus Reyes, olvida su misión. Dios entonces se dirige a su pueblo, hablándole por medio de profetas. El pueblo, sin embargo, no quiere escuchar; aprenderán con el sufrimiento a caminarse humildemente con Dios.

720: El Reino del norte llamado Israel, cae. Samaria es tomada y sus habitantes desterrados a Nínive.

587: Cae el Reino del sur llamado Judá. Jerusalén es destruida y para sus habitantes **empieza el destierro en Babilonia.** El sufrimiento convence, por fin, a los judíos; desean volver a Dios y él, por medio de sus profetas, les anuncia un porvenir feliz en que él estará en medio de ellos; esa será la nueva Alianza, realizada por Cristo.

537: Los desterrados son liberados por Ciro, Vencedor de Babilonia. Con Esdras y Nehemías tratan de reconstruir su país, pero no recobran su plena independencia. Se dedican entonces a lo que les queda: la Ley, o sea, la palabra de Dios, y el templo.

333: El conquistador Alejandro el Grande atraviesa el Medio Oriente. Sus sucesores dominan a los judíos, siendo al comienzo benévolos. Pero después son Reyes sectarios: Los judíos deben escoger entre renegar de su religión o morir.

175: La familia de los Macabeos se levanta contra el opresor. Y dirige la guerra Santa por la fe y la patria. Tienen éxito. Sus hijos sin embargo olvidan sus ejemplos.

63: El imperio Romano impone su <<protección>>. En el año 6 antes de nuestra era nace Jesús y, dos años después, a la muerte de Herodes, los judíos pierden su independencia.

JUECES

INTRODUCCION A LOS <<JUECES>>.

Después de Moisés y la manifestación de Dios en el Sinaí, el libro de los Jueces nos hace bajar a un mundo bien poco glorioso en que se deben mirar de cerca para descubrir algunas brazas de fuego que se habían encendido. Después de la liberación trascendental del Éxodo, esos relatos nos vienen a enseñar que no tendremos nunca más libertad, en el presente mundo, de la que hayamos conquistado. Estas enseñanzas confirman nuestra propia experiencia. Pues si bien Cristo nos trajo la liberación definitiva, nos cuesta tanto como a los demás sacrificarnos por algo grande; a pesar de que nuestros padres conquistaron la independencia, debemos penosamente conquistar el derecho de existir.

Al empezar el libro, los israelitas han logrado ocupar los territorios más pobres de Canaán, mirando con envidia las llanuras ricas donde se mantienen los paganos. Sin embargo, en sus pueblos y campamentos se van transformando en pequeños agricultores después de tantos siglos en que recorrieron las estepas dc tras de sus rebaños, y esto significa para ellos una transformación social muy profunda. Como ocurre en tiempos de cambios acelerados, se produce una crisis de todos los valores.

El libro de los Jueces, si bien nos da muestras de la baja de la fe y de la moralidad, destaca principalmente la tentación de la idolatría. Los agricultores Cananeos tenían una religión muy atractiva, celebrando las fuerzas de la vida y de la fecundidad. Se reunían en fiestas campestres o en los bosques sagrados con el rito de la prostitución sagrada, pidiendo a sus dioses, los Baales, lluvia y buenas cosechas. Era difícil que el israelita no fuera a acompañar a sus vecinos paganos.

Pero al mismo tiempo que los israelitas se prestaban para una alineación cultural y religiosa, por otra parte, eran víctimas de varios opresores o saqueadores que los reducían a la miseria.

LOS LIBERTADORES

En esta situación, el pueblo israelita, desorganizado y divido en grupos rivales, se sintió interpretado por una serie de jefes que surgieron de en medio del pueblo, campesinos que a veces ganaron grandes victorias (ver cap. 4-5).

A estos hombres los llamaron Sofetim, palabra que significaba a la vez jefes y Jueces. De allí se acostumbró a llamar Jueces a esos jefes que nunca se sentaron en un tribunal. Pero tal vez se debe comprender la palabra <<Jueces>> en otro sentido: estos hombres se hicieron los instrumentos de la justicia de Dios, aunque no en todos los aspectos.

Los Jueces no eran Santos. Israel, sin embargo, reconoció en ellos a los salvadores que Yahvé, compasivo, les concedía. Si bien es cierto que no era cosa muy religiosa el haber asesinado a un jefe enemigo matando a algunos filisteos, estos hombres, sin embargo, teniendo en cuenta el ambiente en que vivían, habían demostrado valentía y fe en medio de la cobardía de todos; al remover la pasividad de sus hermanos habían preparado una nueva etapa de su historia.

EL LIBRO DE LOS JUECES.

Las hazañas de los Jueces fueron motivo de alegría de aquellos que durante años las contaron y, a veces, transformaron la historia en leyenda. Pero, más tarde, el que reunió todas estas historias en solo libro encontró una línea directa que permitía entender las demoras de la conquista y los pasos de la liberación. Noto en los acontecimientos esta secuencia:

_ Los israelitas se apartaron de Yahvé y caen en la idolatría;

_ A causa de esto Yahvé los entrega en manos de sus enemigos;

_ Los israelitas reconocen sus errores y claman a Yahvé;

_ éste, entonces, hace que se presente un libertador.

Pero, una vez lograda la victoria, y después de un tiempo de paz, el pueblo vuelve a traicionar su misión: en el mundo presente no hay liberación definitiva.

Dios nos habla por medio de signos.

Notas los colores del cielo y dices que lloverá mañana. Yo te miro a los ojos y se lo que vas a pedir. Igualmente, Dios no necesita palabras para hablarte, sino que dispone signos que tú debes comprender. El equilibrio del universo, los acontecimientos de la historia y hasta los sucesos más íntimos de nuestra vida contienen un mensaje pera los de corazón sencillo.

¿Cómo entenderé estas señales si nadie me las enseña? Para esto precisamente tenemos el Evangelio. Dios vino en la persona de Cristo, quien nos enseñó con palabras y también con obras; él mismo aclaro el significado de etas <<señales>>, de tal manera que nosotros, ahora al reflexionar en el evangelio, logramos entender lo que Dios nos quiere decir por medio de los acontecimientos de nuestra vida.

Una flor no inspira los mismos sentimientos a un científico que a un campesino o a un poeta. Los hechos de la vida diaria no tienen el mismo significado para todos; incluso hay gente que no sabe admirar lo bueno de la vida, ni puede comprender lo que sucede en torno a ellos. Si quieres comprender lo que Dios te dice, debes hacerte semejante a él, pues <<los de corazón limpio verán a Dios>>.

Cuando nos caen encima desgracias o fracasos, muchos creen que son un castigo de Dios. Pero ¿Cómo lo saben? Ese Dios tan pronto para castigar no se parecería al Padre de quien Cristo nos habla. Mejor digamos que Dios no hace milagros continuos para detener los accidentes, las enfermedades y los fracasos, sobrevenido en tal momento y circunstancias determinadas, nos llama la atención y nos ayuda a ver que andamos por mal camino. No hablemos pues, de castigo, sino de un signo que Dios nos da para que no incurramos en el verdadero castigo que es perderlo a él para siempre.

Si Dios es padre, tiene que hablar con sus hijos. Tú has escuchado su voz y, sin embargo, te hizo encontradizo en quien te dijo una palabra o te dio el ejemplo que necesitabas. Tú le pides ayuda en tus dificultades y, como muchas veces no te resultan las cosas, no sabes si realmente le debes agradecer por las veces que te salieron bien. Pero él mismo te comunicará la certeza de que andas en su luz y, de vez en cuando, te dará la prueba de que atendió tus suplicas.

No debemos <<tentar a Dios>>, es decir exigirle un milagro para arreglar nuestras dificultades o una respuesta para saber el camino que hemos de seguir. (ver Mt.16,2; 24,32; Jn.4,35; Rom.1,20; H.14,17; Mt.6,28; Mc.12,41-11,20; Jn.2,18-6,25-9; Mt.12,39; Lc.7,18-2,19; He.11,16; Mt.19,44; Mc.11,33; Lc.7,35; Mt.11,25-5,8; Jn.9,2-15,2-5,14; Lc.15,17; 1Cor.11,30; Lc.13,2; 1Jn.3; Rom.16,24; Mt.4,7; Mc.14,36).

Las lenguas de la Biblia.

El antiguo testamento fue escrito en su mayor parte en **hebreo,** idioma que hablan los judíos en Palestina hasta el destierro a Babilonia. Algunos libros fueron escritos en **arameo,** idioma bastante parecido que los judíos usaron después del destierro a Babilonia y que todavía hablan en tiempo se Cristo: Jesús y sus apóstoles hablaban arameo.

Algunos libros del antiguo testamento y todos los libros del Nuevo Testamento fueron escritos en **griego**, idioma que en el tiempo de Cristo se usaba en el mundo romano y que los apóstoles tuvieron que hablar cuando salieron de los límites de Palestina.

En los principios de la Iglesia, la mayoría de los clientes hablaba el griego. Cuando se hablaron otros idiomas, especialmente latín, hubo que traducir tanto el Antiguo Testamento (la Biblia griega) como el Nuevo Testamento. La versión latina más usada fue llamada Vulgata.

¿Por qué no son iguales todas las Biblias?

Siempre es difícil traducir un texto sin que pierda su fuerza: si se copia el texto primitivo con todos sus modismos se logra un texto de difícil comprensión en que hay que explicar en cada página numerosas expresiones que ahora no se usan; se puede lograr un texto más claro, pero perdiendo algo de la poesía y de las expresiones primitivas.

A veces, dos traducciones del mismo texto difieren en las diferentes Biblias, sea porque hay varias maneras de entender una frase del texto original; sea porque los libros antiguos que usamos no concuerdan con todos los detalles.

Sabemos que no son iguales todas las Biblias. La católica y la protestante son idénticas en cuanto al Nuevo Testamento, pero no en cuanto al antiguo.

La razón es la siguiente:

Antes de Cristo, la comunidad judía estaba formada por grandes grupos y cada uno de ellos tenía su Biblia.

Los judíos de Palestina, Los judíos del mundo griego-romano, Usaban la Biblia en idioma hebreo especialmente en Egipto) Ordenada en tres categorías. Usaban la Biblia traducida al griego.

La Ley. La traducción más usada era llamada Los profetas <<de los Setenta>>;

Los Demás Escritos. _ Ordenada en tres categorías:

Los Libros Históricos, Los Libros de Sabiduría, Los Libros Proféticos.

La Biblia griega contenía todos los libros de la Biblia Palestina, y además otros, llamados <<Deuteronómicos>>. O sea, Libros <<De segunda colección>>.

Hasta la venida de Jesús, la comunidad judía no se había pronunciado definitivamente respecto de esas dos colecciones. Solamente el año 95 después de Cristo, un congreso de los fariseos, en Jaminia, tomó la decisión última. Aceptaron libros que todavía eran discutidos en Palestina, como Crónicas y Esdras, pero rechazaron todos los libros de la Biblia griega.

En realidad, en ese momento ellos ya no tenían la autoridad que viene de Dios: la iglesia existía y a ella le correspondía decidir con la ayuda del Espíritu Santo. Ella también se preocupó por su <<Canon>>, o sea <<lista oficial>> de libros, que fue precisado por el sínodo de Roma con el Papa Dámaso en el año 382. Esta lista abarca la mayoría de los libros propios de la Biblia griega.

En el siglo XVI, los protestantes pusieron en tela de juicio las decisiones de la Iglesia primitiva. Prefirieron conformarse al decreto de los fariseos del año 95 y rechazaron los libros Deuteronómicos, o sea propios de la Biblia Griega.

SAMUEL.

INTRODUCCION A LOS LIBROS DE SAMUEL.

El Libro de Samuel, obra dividida en dos, marca la tercera etapa de la Historia Sagrada, después del Génesis y del Éxodo. Aquí se nos descubre LA OBRA DE DIOS EN EL CORAZON DE LOS HOMBRES y la manera como éstos cooperan al Reino de Dios.

Aquí se nos cuentan con mucha serenidad, los ejemplos y las faltas de DAVID; su vida, semejante a la de cualquiera de nosotros, no menciona aparentemente ningún misterio. Al final, sin embargo, reconocemos que Dios estuvo presente en todo y construyó con él algo que no perecerá.

Aquí lo importante no está en acontecimientos históricos de gran magnitud. Los hay, por cierto, pero la Biblia se fija más en la HISTORIA PERSONAL de David que en sus victorias. Este primer Rey de Israel fue un modelo de creyente porque, siendo un hombre de mucha personalidad e inteligencia poco común, también se dejó guiar e INSPIRAR POR DIOS, y fue su principal preocupación en servirlo en todo.

Aquí en cierta manera, DIOS SE ESCONDE: ni revelaciones ni manifestaciones grandiosas. Solamente una palabra al profeta Natán, que será decisiva para el porvenir.: el reinado de David, en Jerusalén y sobre Palestina, desembocará en el reino universal de Dios. Cristo Jesús será el HIJO DE DAVID.

Dos personajes preceden a David.

_ SAMUEL, el último de los Jueces, que también es profeta. Es el momento en que los israelitas desunidos sienten la necesidad de una autoridad permanente: <<queremos un Rey como hay en las demás naciones>>, en vez de contar solamente con los inspirados, los <<Jueces>>, que no siempre se presentan cuando el pueblo los necesita.

_ SAUL, el primer Rey elegido por Dios, pero después rechazado.

Al empezar el libro, Israel no es dueño todavía de la tierra de Canaán, pero las tribus se han acostumbrado a la vida campesina sedentaria, a menudo, antes de las incursiones de los filisteos que viven en la fértil llanura de la costa, en sus ciudades de Gat, Gaza, Asoto, Ascalón, Acarón.

La historia de Ana.

Todo empieza con una pareja humilde que vive su drama familiar en un pueblo montañés.

Una mujer afligida por su esterilidad se queja a Yahvé: no se resigna a una vida aparentemente perdida. Yahvé escucha a los afligidos y su respuesta va siempre más allá de lo que piden: no solamente da un hijo a Ana, sino que, también un profeta a su pueblo.

A Dios le gusta escoger a sus servidores precisamente en estas familias sin esperanzas de tener hijos. Es Dios que da vida a los muertos y la esperanza a los que no la tienen. Ver casos semejantes en nacimiento de Isaac y en el de Juan Bautista (Lc.1,5). Podemos leer en el libro de Isaías el poema que empieza por estas palabras: <<Grita de júbilo, oh tú que eres estéril>> (Is.54,1).

Este relato nos muestra la vida religiosa de entonces. En Silo esta la tienda de campaña que cobija el Arca. Todavía no hay templo. Los peregrinos traen los animales para sacrificarlos. El padre de familia es el que oficia como sacerdote de los suyos, el que sacrifica, saca del santuario, las victimas ofrecidas. Solamente a partir de David, los sacerdotes de la tribu de Leví tendrán el derecho exclusivo de ser los intermediarios entre Yavé y su pueblo.

Aparece también la situación inferior de la mujer. Todo el cariño de Elcaná por Ana no hace de ella una persona igual a su esposo. Mientras los hombres pueden tener varias esposas, no existirá la pareja tal como la proyectó Dios (ver Ge. 2,24).

Por su labor callada, Ana formará en su hijo el sentido de la responsabilidad y el espíritu de sacrificio, y así preparará el camino de Dios sobre Samuel.

El cántico de Ana.

Entonces Ana oro y dijo:

Mi alma se alegra en Yavé,

En Dios me siento llena de fuerza,

Ahora puedo responder a mis enemigos,

Pues me siento feliz con tu auxilio.

Pues nada hay fuera de ti,

No hay roca tan firme como nuestro Dios.

No digan tantas palabras altaneras, Ni salga de su boca la arrogancia,

Porque Yavé es un Dios que lo sabe todo,

Él juzga las acciones de todos.

El arco de los fuertes se ha quebrado

Mientras que los débiles se han hecho fuertes,

Los que estaban satisfechos van a trabajar por un pedazo de pan,

Mientras que los débiles descansan.

La mujer estéril da a luz siete veces;

En cambio, la madre de muchos hijos se marchita.

Yavé es quien da muerte y vida,

Quien hace bajar al lugar de los muertos y volver a la vida.

Yavé da y quita riquezas,

Humilla y ensalza.

Levanta del polvo al desvalido

Y, de la mugre saca al pobre

Para que pueda sentarse con los grandes

Y ocupar un lugar de privilegio.

Porque

Yavé ha hecho los pilares de la tierra Y sobre ellos ha puesto el universo.

El guía los pasos de sus fieles

Y los malos desaparecen en las tinieblas,

Pues no es por la fuerza
como triunfa el hombre.

Los enemigos de Yavé serán vencidos:

Él truena, desde el cielo, contra ellos

Yahvé hace justicia hasta los extremos del mundo

Y da fuerzas a su Rey,

Haciendo sobresalir a su elegido.

En su canto de gratitud, Ana se hace intérprete de todos los despreciados de su pueblo y de este mundo.

(Es increíble ver que este cántico de Ana ha trascendido a través del tiempo, hasta nuestros días, y que se proyecta, hasta la eternidad, con ese mensaje de la justicia equitativa de Dios. Sería muy interesante y de mucho provecho que lo leyeran y analizaran a conciencia muchos gobernantes de este mundo, y muchos ricos y potentados, que creen que lo que poseen les dará la felicidad eterna, y cambien de manera de pensar para que se salven).

Yahvé es el Dios que salva a los desamparados. Rechaza a los que confían en su brazo, en su arco, en el pan asegurado para su casa, es decir, en lo que son y en lo que tienen. Pone su Gloria en invertir las diferencias que existen entre los hombres (como en la parábola del rico y de Lázaro, Lc.16,25). Yahvé hace bajar al lugar de los muertos y hace subir.

Bueno es comparar este canto con el de María (lc.1, 45). El canto de Ana contiene una visión profética. Como Ana, tenemos que estar orgullosos de nuestro Dios, mucho más que de las realizaciones materiales de nuestra sociedad, que proclama feliz al rico y al fuerte.

Este texto condena al que construye la vida con la sola ambición de asegurar el porvenir de su familia: será salvado el que se pone al lado de los débiles. Frente a los que sienten vergüenza por su ambiente humilde, obrero o campesino, o por el atraso de su pueblo, el creyente sabe que los pobres y los hambrientos contribuyen a la salvación del mundo: porque donde toda falta es más fácil descubrir lo que valen las personas y comprender que no hay otro mundo digno del hombre sino aquel en el que haya pan y dignidad para todos.

La historia de Helí.

"Los hijos de Helí eran unos pillos que no se preocupaban de Yahvé ni de comportarse como sacerdotes frente al pueblo. Cuando alguien ofrecía un sacrificio, y mientras se estaba cociendo la carne, venia el mozo del sacerdote, con un tenedor de tres dientes en la mano, 'lo metía en el caldero o la olla, en la cacerola o la marmita, y todo lo que salía en el tenedor lo tomaba para sí el sacerdote; así hacían con todos los israelitas que venían a Silo. Incluso antes de que se hubiera quemado la grasa---el pecado de estos jóvenes era, pues, muy grande a los ojos de Yahvé, ya que trataban sin respeto a las ofrendas de Yahvé.

Mientras tanto, el niño Samuel servía a Yahvé, vestido de sacerdote, 'pues su madre le había hecho una pequeña túnica. Ella venía a verlo cada año, cuando subía con su esposo a ofrecer el sacrificio anual.

<<**Quiero que escribas esta fecha** me dijo el Señor Jesús. **Domingo 3 de Mayo de 2015**; el día de ayer te fue revelad al forma en la que habla Dios nuestro Padre a sus elegidos y,

escribe esta otra fecha **Domingo 14 de Febrero de 1999**, es la fecha en la que empezaste a escribir algo que te fue revelado y dado como señal en el cielo, el día **Sábado 26 de Diciembre de 1998, puesta a las 7 de la noche**; Sábado , el día en el que él descansó, el día en que decidiste escribir, **Domingo**, el día en que mi padre me rescato de la muerte, **Domingo**, el día en que se te abre de nuevo la mente a través de la revelación que te queremos dar.

Fue interrumpida la trama de tu escritura hace doce años justamente en el libro de Samuel, donde te daremos la última revelación y tendrás que continuar, sabiendo que Dios nuestro Padre llama a sus elegidos por su nombre y también como en la lectura dominical de la primera carta de mi apóstol Juan; cap.3 vers.18-24 en donde, como puedes ver, Dios nuestro Padre habla a través de tu conciencia y te dice. "Quien cumple sus mandamientos permanece en Dios y Dios en él. En esto conocemos por el Espíritu que él nos ha dado, que él permanece en nosotros". Palabra de Dios.

Así mismo la exhortación que hago a través de la lectura del Evangelio según mi apóstol Juan, cap.15 ver.1-8, y ya que has permanecido en mí y a través de mi en mi Padre; hemos decidido acompañarte y hablar a la humanidad, por tu mente, por tu boca y por tus escrituras">>.

¿Quién soy yo Señor; tu humilde servidor, y con estas lágrimas en mis ojos, pero con una gran alegría en mi corazón, acepto humildemente, pero con gran emoción este nuevo reto y pase lo que tenga que pasar; con mi vida solamente podré pagarte este favor, ¿para dar frutos abundantes y construir mi camino hacia Dios)?

Dios da a conocer a Samuel el castigo asignado a Helí.

Cap.3 ver.1-21.

Entre tanto el joven Samuel seguía sirviendo al Señor bajo la dirección de Helí; y la palabra del Señor o revelación era rara, y por consiguiente de mucha estima: no era común en aquellos días la profecía.

Sucedió pues que un día estando Helí, cuyos ojos habían perdido ya la facultad de ver, apostado en su aposento y Samuel durmiendo junto a él en el templo del señor, (antes que fuese apagada, la lámpara de Dios o candelero de oro), donde estaba el Arca de Dios; he aquí que el Señor llamó a Samuel; y respondió éste: aquí estoy; corrió al punto a Helí y le dijo: heme aquí, pues que me has llamado. Helí, le dijo: No te he llamado, vuélvete a dormir. Se fue Samuel y se acostó de nuevo.

Volvió el Señor por segunda vez a llamar a Samuel, y levantándose éste fue a Helí, y le dijo: heme aquí, ya que me has llamado. Helí le respondió: Hijo mío, yo no te he llamado: vuélvete a dormir.

Y es que Samuel no conocía todavía la voz del Señor; pues hasta entonces no le había sido revelada la palabra del Señor.

Repitió el Señor y llamó por tercera vez a Samuel; el cual levantándose volvió a Helí, diciendo: Heme aquí, pues me has llamado. Con esto reconoció Helí que era el Señor que llamaba al joven; y dijo a Samuel: vete a dormir; si te llamare otra vez, responderás: Hablad oh, Señor, que vuestro siervo os escucha. Se volvió pues Samuel a su aposento, y se puso otra vez a dormir.

Vino entonces el Señor, y llegándose a Samuel, le llamó como las otras veces: Samuel, Samuel.

A lo que respondió Samuel: Hablad, oh, Señor que vuestro siervo os escucha, y dijo el Señor a Samuel: Mira, yo voy a hacer una cosa en Israel; que a todo aquel que la oyere, le retiñirán de terror ambos oídos.

En aquel día yo verificaré cuanto tengo dicho contra Helí y su casa por causa de su iniquidad: puesto que sabiendo lo indignamente que se portan sus hijos, no los ha corregido como debía.

Por lo cual he jurado a la casa de Helí, que su iniquidad no se expiará jamás ni con víctimas ni con ofrendas.

Durmió después Samuel hasta la mañana, y a su tiempo abrió las puertas de la casa del Señor; pero temía descubrir a Helí la visión.

Lo llamó pues Helí, y le dijo: ¿Samuel, Hijo mío? El cual respondió: aquí estoy.

Y le preguntó Helí: ¿Qué es lo que te ha dicho el Señor? Te ruego no me cubres nada: El Señor te castigue severamente si me ocultas alguna cosa de cuanto se te ha dicho.

Le manifestó pues Samuel una por una las palabras, sin ocultarle nada; y Helí respondió: Él es el Señor: haga lo que sea agradable a sus ojos.

Samuel empero iba creciendo, y el Señor estaba con él: y de todas sus predicciones ni una siquiera dejo de verificarse.

Con lo que conoció todo Israel, desde Dan hasta Bersabee, que Samuel era un verdadero profeta del Señor; y el Señor continuó apareciéndosele en Silo, porque en Silo fue donde se le manifestó a Samuel la primera vez, conforme a la palabra del

Señor. Y se cumplió cuanto dijo Samuel a todo el pueblo de Israel.

<<Dios nuestro Padre llamó a Samuel muy joven a servirlo cuidando el Arca en el templo suyo para luego llamarlo por su propio nombre, Samuel, Samuel; así mismo tú fuiste llamado a servirlo en su templo cuando eras aún un niño y todos te llamaban Leonel, algo que rima con Samuel; y lo hiciste como monaguillo bajo el mando del sacerdote, Becker Raza; quien ahora ya está junto a mi Padre sirviéndole directamente, ya que fue un sacerdote justo y bueno; en Ambatillo tu pueblo natal.

Solamente falta que tus oídos escuchen la voz de mi padre Dios, que es muy fuerte y estridente y cuando la escuches espero que no te asustes o ensordezcas, pero te llamará por tu primer nombre, Edmundo, que significa, enviado de Dios a este mundo y espero que como Samuel llegues a ser alguien muy importante para la humanidad, para mí, y para Dios nuestro Padre así como para el Dios Espíritu Santo; para que tu mente sea abierta para recibir y difundir el mensaje que te será dado>> **(Que así sea mi Señor Jesús).**

ESCANEA ESTE CODIGO
POR FAVOR

(**Mi Señor Jesús**, yo creo que divagar por el resto de Los libros que preceden a éste de Samuel, sería tedioso y cansaría mucho a los que lean este paseo por la Santa Biblia junto a ti y de tu mano; ya que solamente se refieren a las guerras y hazañas de los Reyes que en su momento invocaron la Gracia de Dios nuestro Padre y fueron escuchados y bendecidos; así como las desobediencias y las incredulidades e idolatrías que fueron causa de castigo para ellos. Por esta razón solamente aconsejaré que lean y se refieran a la Santa Biblia.

Quiero centrarme, y referirme al Nuevo Testamento, el cual está dedicado a tu concepción, nacimiento, vida y obras, milagros: así como tu muerte y resurrección, para poner de

manifiesto el gran amor que Dios nuestro Padre tuvo, tiene y tendrá, a la más grande y magnífica obra de su creación, que es la raza humana en general.

Antes de empezar a escribir el Nuevo Testamento, voy a citar la primera carta del Apóstol Pablo a los Corintios. Cap.2 ver.26-29.

"Hermanos, fíjense a quien llamó Dios. Entre ustedes son pocos los que pasan por cultos, y son pocas las personas pudientes que vienen de familias famosas. Pero Dios ha elegido lo que el mundo tiene por necio, con el fin de avergonzar a los sabios; y ha escogido lo que el mundo tiene por débil, para avergonzar a los fuertes. Dios ha elegido a la gente común y despreciada; ha elegido lo que es nada para rebajar a lo que es, y así nadie ya se podrá alabar a sí mismo delante de Dios".

Con estas palabras del Apóstol Pablo, me doy cuente que Dios me ha llamado para esta difícil (Misión).

La Iglesia Católica nos da una explicación diciendo: "un hecho se impone a primera lectura: los tres primeros evangelios, de Mateo, de Marcos y de Lucas se parecen en muchos pasajes, cuentan los mismos hechos, a menudo en el mismo orden. Por eso los llamamos Evangelios **Sinópticos,** lo que significa que podríamos disponerlos en tres columnas yuxtapuestas para comparar sus tres maneras de contar el mismo hecho con palabras bastante parecidas.

Pero también varios relatos de Juan contienen las mismas expresiones, modismos, detalles que se encuentran en Lucas o Marcos. De todo esto se desprende que los evangelios no son creaciones totalmente originales".

(Por esto uniremos los 4 evangelios y transitar por ellos).

NUEVO TESTAMENTO.

Evangelio según San Mateo.

Los antepasados de Jesús.

Estos fueron los antepasados de Jesús, Hijo de David e Hijo de Abraham.

Abraham fue padre de Isaac, y éste de Jacob. Jacob fue padre de Judá y de sus hermanos.

De la unión de Tamar y de Judá nacieron Farés y Zera. Farés fue padre de Esrón.

Luego encontramos a Aram y Aminadab, Nasón y Salmón.

Salmón fue padre de Booz y Rahab fue la madre. Booz y Rut fueron padres de Obed. Obed fue padre de José y este del Rey David.

David y la que había sido esposa de Urías, fueron los padres de Salomón. Salomón fue padre de Roboam, que fue padre de Abías, luego vienen los Reyes Abías, Asá, Josafat, Joram, Osías, Joatán, Ajaz, Ezequías, Manasés, Amón y Josías.

Josías fue padre de Jeconías y de sus hermanos, en tiempos del destierro a Babilonia.

Y después del destierro a Babilonia, Jeconías fue padre de Salatiel y éste de Zorobabel.

A continuación, vienen Abiud, Eleasim, Azor, Sadoc, Aquim, Eliud, Eleazar, Matán y Jacob.

Jacob fue padre de José, esposo de María, y de María nació Jesús, llamado también Cristo.

De modo que la generación desde Abraham a David es catorce, catorce las de David hasta el destierro de Babilonia y catorce desde este destierro hasta Cristo".

Para completar la genealogía de Jesús, me atreveré a citar algo que los evangelistas omitieron, no sé si por error o porque en su tiempo solamente tomaban en cuenta la genealogía basándose en el legado de los Hombres y no de las mujeres también.

Rom. 1.2,3 Esta buena nueva anunciada de antemano por sus profetas en las Santas Escrituras se refiere a su Hijo, que nacido en la descendencia de David según la carne. Nos pone de evidencia que Jesús tenía que ser descendiente del linaje del Rey David, y por ello añadiremos en la descendencia de María la madre de Jesús a Elí o Joakim (Joaquim) que son la misma persona, que es el padre de María la madre de Jesús, y de él nace la ascendencia Davídica, mientras que de Ana, su ascendencia Sacerdotal; una cosa es la herencia legal del padre, José, a la que tiene todo derecho, pues es Hijo Reconocido, no adoptado y por ende tiene también derecho a su herencia de Linaje, porque es transmitido por parte de su padre y de su madre que vienen a ser primo hermanos según se desprende de Cr. 1: 24 ; Núm. 36: 6,7 Por esa Razón concluimos que Jesús es descendiente directo del Rey David tal y como lo dijo Yahvé Dios nuestro Padre, a través de sus profetas.

EVANGELIO SEGÚN SAN MARCOS.

"Comienzo del Evangelio de Jesucristo. Hijo de Dios. Conforme a lo que se halla escrito en el profeta Isaías.

<< Ahora mando a mis mensajeros delante de ti, para prepararte el camino. Escuchen ese grito en el desierto: preparen el camino del Señor, enderecen sus senderos>>.

EVANGELIO SEGÚN SAN LUCAS.

"Varias personas han tratado de narrar las cosas que pasaron entre nosotros, a partir de los datos que nos entregaron aquellos que vivieron y fueron testigos desde el principio y que, luego, se han hecho servidores de la palabra.

Siendo así, también yo he decidido investigar hasta el origen de esta historia, y componer para ti, excelente Teófilo un relato ordenado de todo. Con esto todas aquellas cosas que te han enseñado cobrarán plena realidad".

Un ángel anuncia el nacimiento de Juan el Bautista.

“En tiempos de Herodes, Rey de Judea, hubo un Hombre que se llamaba Zacarías. Era un sacerdote del grupo de Abías. La esposa de Zacarías se llamaba Isabel y era descendiente de una familia de sacerdotes. Zacarías e Isabel eran personas realmente buenas a los ojos de Dios: vivían de acuerdo con todos los mandamientos y leyes del Señor. No tenían hijos, porque Isabel no podía tener familia, y ambos eran ya de avanzada edad.

Mientras Zacarías estaba sirviendo en el templo, delante de Dios, según el orden de su grupo, ‘echaron suerte según la costumbre, y fue designado para entrar en el Santuario del Señor y ofrecerle el incienso de la tarde. Y mientras el pueblo permanecía afuera, en oración, ‘se le apareció el ángel del Señor, el ángel estaba de pie a la derecha del altar del incienso. Zacarías al verlo, se turbó y tuvo miedo.

El ángel le dijo entonces: <<No temas, Zacarías, porque tu oración ha sido escuchada, y tu esposa te dará un hijo al que llamarás Juan. Grande será tu felicidad, y muchos se alegrarán con su nacimiento, porque tu hijo ha de ser grande ante el Señor. No beberá vino ni licor, y estará lleno del Espíritu Santo, ya desde el seno de su madre. Hará que muchos hijos de Israel vuelvan al Señor, su Dios, y lo verán caminar delante de Dios con el Espíritu y el poder del profeta Elías para reconciliar a los padres con los hijos. Hará que los rebeldes vuelvan a la sabiduría de los buenos, con el fin de preparar al Señor un pueblo bien dispuesto>>.

Zacarías dijo al ángel: << ¿Cómo puedo creer esto? Yo ya soy viejo y mi esposa también>>. El ángel contestó:

<< Yo soy Gabriel, el que está delante de Dios. He sido enviado para hablar contigo y comunicarte esta buena noticia, ‘pero tú no has creído en mis palabras, las cuales se cumplirán

a su tiempo. Por esto, quedarás mudo hasta el día en que se realice todo esto que te he dicho>>.

El pueblo esperaba a Zacarías y se extrañaba porque tardaba tanto en salir del Santuario. Cuando Zacarías salió, por fin, no podía hablarles. Comprendieron, pues, que había tenido alguna visión en el Santuario. Él hacía gestos y no podía hablar.

Al terminar los días de su servicio en el templo, regresó a su casa. Días después, Isabel, su esposa, quedó esperando familia. Durante cinco meses permaneció retirada, pensando: <<Esta es una bondad del Señor para conmigo; quiso librarme de esta humillación que llevaba ante la gente.

Jesús nace de una madre virgen (Mt.1, 18)

La anunciación de María (Lc.1, 27)

Al cabo de seis meses, el ángel Gabriel fue enviado a una joven Virgen’ que vivía en una ciudad de Galilea llamada Nazaret y que era prometida de José, de la familia de David. Y el nombre de la Virgen era María.

Entro el ángel a su casa y le dijo: <<Alégrate tú, la amada y favorecida; el Señor está contigo>>. Estas palabreas la impresionaron muchísimo y se preguntaba qué quería decir ese saludo <<Dios te salve ¡oh llena de Gracia!, el Señor está contigo: Bendita tú eres entre todas las mujeres>>.

Pero el ángel le dijo: <<No temas María, porque has encontrado el favor de Dios. Vas a quedar embarazada y darás a luz un hijo, al que pondrás el nombre de Jesús. Será Grande, y con razón lo llamarán Hijo del Altísimo. Dios le dará el trono de David, su antepasado. Gobernará por siempre el pueblo de Jacob y su reino no terminará Jamás>>.

María dijo entonces al ángel: << ¿Cómo podré ser madre si no tengo relación con ningún hombre?>>.

Contestó el ángel: << El Espíritu Santo descenderá sobre ti y el poder del Altísimo te cubrirá con su sombra; por eso tu hijo será Santo y con razón lo llamarán Hijo de Dios. Ahí tienes a tu prima Isabel: en su vejez ha quedado esperando un hijo, y la que no podía tener familia se encuentra esperando un hijo y en el sexto mes del embarazo; **porque para Dios nada es imposible** >>.

Dijo María: <<yo soy la servidora del Señor; hágase en mí lo que has dicho>><<Yo soy la esclava del Señor; hágase en mí según tu Palabra>>. Después de estas palabras el ángel se retiró.

Mt,1,18 El nacimiento de Jesús fue así. Su madre María estaba comprometida con José. Pero antes de que vivieran juntos, quedó esperando por obra del Espíritu Santo.

José, su esposo era un hombre excelente, y no queriendo desacreditarla, pensó firmarle en secreto un acta de divorcio.

Estaba pensando en esto, cuando el ángel del Señor se le apareció en sueños y le dijo: <<José, descendiente de David, no temas llevar a tu casa a María, tu esposa, porque la criatura que espera es obra del Espíritu Santo. Y dará a luz un hijo, al que pondrás el nombre de Jesús, porque él salvará al pueblo de sus pecados. Todo esto ha pasado para que se cumpliera lo que había dicho el Señor por boca del profeta Isaías: **sepan que una virgen concebirá y dará a luz un hijo y los hombres lo llamarán Emanuel, que significa: DIOS CON NOSOTROS**>>.

Con esto al despertar José, hizo lo que el ángel del Señor le había ordenado y recibió en su casa a su esposa.

Y sin que tuvieran relaciones, dio a luz un hijo al que José puso el nombre de Jesús.

Lc.1,39 **María visita a su prima Isabel.**

Por esos días, María partió apresuradamente a una ciudad ubicada en los cerros de Judá. Entró a la casa de Zacarías y saludó a Isabel. Al oír Isabel su saludo, el niño dio saltos en su vientre. Isabel se llenó del Espíritu Santo 'y exclamó en alta voz <<Bendita eres entre todas las mujeres y bendito es el fruto de tu vientre. ¿Cómo he merecido yo que venga a mí la madre de mi Señor? Apenas llegó tu saludo a mis oídos, el niño saltó de alegría en mis entrañas. ¡Dichosa por haber creído que de cualquier manera se cumplirán las promesas del Señor!>> María dijo entonces:

Celebra todo mi ser la grandeza del Señor y mi espíritu se alegra en el Dios que me salva. Porque quiso mirar la condición humilde de su esclava. ¡En adelante, pues, todos los hombres oirán que soy feliz! En verdad el Todopoderoso hizo grandes cosas para mí; reconozcan que su nombre es Santo y que de padres a hijos sus favores recaen sobre aquellos que te temen. ¡Tu brazo realizó enormes hazañas dispersó a los soberbios con sus maquinaciones; sacó a los poderosos de sus tronos y puso en su lugar a los humildes! ¡De la mano tomó a Israel su siervo demostrándole su misericordia! Esta fe la promesa que ofreció ante nuestros padres y que reserva a Abraham y a sus descendientes para siempre.

María se quedó cerca de tres meses con Isabel, y después volvió a su casa.

Primeros pasos de Juan el Bautista.

Cando a Isa bel le llegó su día, dio a luz un hijo. Sus vecinos y parientes supieron que el Señor había manifestado su compasión por ella y la felicitaban. Y al octavo día vinieron para cumplir con el niño el rito de la circuncisión.

Querían ponerle por nombre Zacarías, por llamarse así su padre, 'pero la madre dijo: <<No, se llamará Juan>>. Los otros dijeron: <<Pero si no hay nadie en tu familia que se llame así>>. Preguntaron con señas al padre cómo quería que le pusieran. Zacarías entonces pidió una tablilla y escribió: <<Su nombre es Juan>>, por lo que todos quedaron extrañados.

En ese mismo instante se le soltó la lengua y sus primeras palabras fueron para alabar a Dios. Lo que dejó impresionado a todo el vecindario, y en toda la región montañosa de Judea se comentaban estos acontecimientos. Y al oír la gente se ponía a pensar y decía << ¿Qué llegará a ser este niño? ¿No se ve la mano del Señor en él?>>.

Y éste es el cántico que Zacarías, lleno del Espíritu Santo, empezó a rezar.

Bendito el Señor Dios de Israel, porque intervino librando a su pueblo y nos ha suscitado un salvador de entre los hijos de David su servidor.

Así se han realizado sus promesas hechas en el pasado por la boca de sus santos profetas de salvarnos de nuestros enemigos y del poder de aquellos que nos odian.

Así demuestra ahora la bondad que tuvo con nuestros padres y así se acuerda de su Santa Alianza.

Pues a Abraham, nuestro padre, le juró bajo palabra, que él nos liberaría de las manos de nuestros enemigos para que le sirvamos sin temor, haciéndonos perfectos y dignos de él a lo largo de toda nuestra vida.

Y tú pequeño niño, serás el profeta del Altísimo pues llegarás primero que el Señor para prepararle el camino, para comunicarles a su pueblo en qué consistirá su salvación: en que se les perdonen sus pecados.

Todo será por la tierna bondad de nuestro Dios que nos trae del Cielo la visita del sol que se levanta para alumbrar a aquellos que se encuentran entre tinieblas y sombras de muerte y para guiar nuestros pasos por el camino de la paz.

Y el niño crecía y su espíritu se fortalecía. Permaneció en el desierto hasta el día en que se presentó a los Israelitas.

JESÚS NACE EN BELÉN.

En esos días, el emperador dictó una ley que ordenaba hacer un censo en todo el imperio. Este primer censo se hizo cuando Quirino era gobernador de Siria. Todos iban a inscribirse en sus respectivas ciudades. También José, como era descendiente de David, a la ciudad de David, llamada Belén, 'para inscribirse con María, su esposa que estaba embarazada.

Cuando estaban en Belén, llegó el día en que debía tener su hijo. Y dio a luz a su primogénito, lo envolvió en pañales y lo acostó en una pesebrera, porque no había lugar para ellos en la sala común.

En la región había pastores que vivían en el campo y que por la noche se turnaban para cuidar sus rebaños. El ángel del Señor se les apareció, y los rodeó de claridad la Gloria del Señor, y todo esto les produjo un miedo enorme.

Pero el ángel les dijo: <<no teman, porque yo vengo a comunicarles una buena nueva que será motivo de mucha alegría para todo el pueblo. Hoy nació para ustedes en la ciudad de David un salvador que es Cristo Señor. En esto lo reconocerán: hallarán un niño recién nacido, envuelto en pañales y acostado en una pesebrera>>.

De pronto aparecieron otros ángeles y todos alababan a Dios, diciendo: <<Gloria a Dios en lo más alto del Cielo, y en la tierra, gracia y paz a los hombres>>.

Después que los ángeles volvieron al Cielo, los pastores comenzaron a decirse unos a otros: Vamos, pues, hasta Belén y veamos lo que ha sucedido y que el Señor nos dio a conocer>>.

Fueron apresuradamente y hallaron a María, a José y al recién nacido acostado en la pesebrera. Entonces contaron lo que los ángeles les habían dicho de este niño, y todos se maravillaron de lo que decían los pastores.

María por su parte, observaba cuidadosamente todos estos acontecimientos y los guardaba en su corazón.

Después los pastores se fueron glorificando y alabando a Dios, porque todo lo que habían visto y oído era tal como se les había anunciado.

Mt.2,1 Del Oriente vienen unos Magos.

Habiendo nacido Jesús en Belén de Judá, durante el reinado de Herodes, vinieron unos Magos de Oriente a Jerusalén; y preguntaron: << ¿Dónde está el Rey de los Judíos que ha nacido?, porque hemos visto su estrella en Oriente y venimos a adorarlo>>.

Herodes y toda Jerusalén quedaron muy intranquilos con la noticia. Reunió el Rey a todos los sacerdotes principales y a los maestros de la Ley, para preguntarles donde debía nacer el Cristo. Ellos le contestaron que, en Belén de Judá, ya que así lo anunció el profeta que escribió:

Belén en la tierra de Judá, tú no eres el más pequeño entre los pueblos de Judá, porque de ti nacerá un jefe, el pastor de mi pueblo de Israel.

Herodes entonces, llamó privadamente a los Magos para saber la fecha exacta en que se les había aparecido la estrella. Encaminándolos a Belén les dijo: <<Vayan y averigüen bien lo que se refiere a este niño. Cuando lo hayan encontrado, avísenme para yo ir también a adorarlo>>.

Después de esta entrevista los Magos prosiguieron su camino. La estrella que habían visto en
Oriente iba delante de ellos, hasta que se posó sobre el lugar donde estaba el niño. Al ver la estrella, se alegraron mucho, y habiendo entrado en la casa, hallaron al niño que estaba con María, su madre. Se postraron para adorarlo y abriendo sus cofres, le ofrecieron regalos: Oro, incienso y Mirra.

Luego regresaron a su país por otro camino, porque se les avisó en sueños que no volvieran a Herodes.

Lc.2,21 Al octavo día circuncidaron al niño según la Ley, y le pusieron el nombre de Jesús, nombre que había indicado el ángel antes que su madre quedara embarazada.

Mt.2,13 **La huida a Egipto.**

Después que partieron los Magos, el ángel del Señor se le apareció en sueños a José y le dijo: <<Levántate, toma al niño y a su madre, y huye a Egipto. Quédate allí hasta que yo te avise; porque Herodes busca al niño para matarlo>>.

José se levantó, tomó de noche al niño y a su madre y se retiró a Egipto. Permaneció allí hasta la muerte de Herodes. De este modo se cumplió lo que había dicho el Señor por boca del profeta: Yo llamaré de Egipto a mi Hijo.

Entre tanto Herodes, al ver que los Magos lo habían engañado, se enojó muchísimo y mandó matar a todos los niños menores de dos años que había en Belén y sus alrededores, de acuerdo con los datos que le habían proporcionado los Magos.

Entonces se vio realizado lo que anunció el profeta Jeremías:

En Ramá se oyeron gritos, grandes sollozos y lamentos. Es Raquel que no quiere consolarse porque llora a sus hijos muertos.

José y María vuelven a Nazaret

Después de la muerte de Herodes, el ángel del Señor se le apareció en sueños a José, en Egipto. Le dijo: <<levántate y regresa con el niño y su madre a la tierra de Israel, porque ya han muerto los que querían matar al niño>>.

José pues se levantó tomo al niño y a su madre, y se vino a la tierra de Israel. Pero temió ir a Judea, sabiendo que allí reinaba Arquelao en reemplazo de Herodes, su padre. Siguiendo un aviso que recibió en sueños, se retiró a Galilea, 'y fue a vivir en un pueblo llamado Nazaret. Así había de cumplirse lo que dijeron los profetas: **Le dirán Nazareno.**

Lc.2, 22 **Jesús es presentado en el Templo.**

Así mismo, cuando llegó el día en que, de acuerdo con la Ley de Moisés, debía cumplirse el rito de purificación de la madre, llevaron al niño a Jerusalén. Ahí lo consagraron al Señor, 'tal como está escrito en la Ley: **Todo varón primogénito será consagrado al Señor.** Además, ofrecieron el sacrificio que ordena la Ley: **una pareja de tórtolas o dos pichones.**

Había en Jerusalén un hombre llamado Simeón, que era muy bueno y piadoso y el Espíritu Santo estaba en él. Esperaba los tiempos en que Dios atendiera a Israel y sabía por una revelación del Espíritu Santo que no moriría antes de haber visto al Cristo del Señor.

Vino, pues, al templo, inspirado por el Espíritu, cuando sus padres traían al niño Jesús para cumplir con el mandamiento de la Ley. Simeón lo tomó en brazos, y bendijo a Dios con estas palabras:

Señor ahora ya puedes dejar que tu siervo muera en paz, como le habías dicho.

Porque mis ojos han visto a tu Salvador que tú preparaste para presentarlo a todas las naciones.

Luz para iluminar a todos los pueblos y gloria de tu pueblo Israel.

Su padre y su madre estaban maravillados por todo lo que decía Simeón del niño. Simeón los felicitó y después dijo a María, su madre: <<Mira, este niño debe de ser causa tanto de caída como de resurrección para la gente de Israel, será puesto como una señal que muchos rechazarán, ‘y a ti misma una espada te atravesará el alma. Pero en eso los hombres mostrarán claramente lo que sienten en sus corazones>>.

Había también una mujer de edad muy avanzada, llamada Ana, hija de Fanuel, de la tribu de Aser. Tenía ochenta y cuatro años. Después de siete años de casada, había perdido muy joven a su marido y, siendo viuda, no se apartaba del templo, sirviendo día y noche al Señor con ayunos y oraciones.

Ella también tenía el don de la profecía, llegando en ese mismo momento, comenzó a hablar de Dios y a hablar del niño a todos los que esperaban la liberación de Jerusalén.

Una vez que cumplieron todo lo que ordena la Ley del Señor, volvieron a Galilea, a su ciudad de Nazaret. Y el niño crecía, se desarrollaba y estaba lleno de Sabiduría. Y la gracia de Dios estaba en él

Primera iniciativa del joven Jesús.

Los pares de Jesús iban todos los años a Jerusalén para la fiesta de Pascua ‘y cuando cumplió doce años fue también con ellos para cumplir este precepto. Al terminar los días de la fiesta, mientras ellos regresaban, el niño Jesús se quedó en Jerusalén sin que ellos lo notaran. Creyendo que se hallaba en el grupo de los que partían, caminaron todo un día, y después se pusieron a buscarlo entre todos sus parientes y conocidos. Pero como no lo hallaron, prosiguiendo su búsqueda, volvieron a Jerusalén.

Después de tres días lo hallaron en el templo, sentado en medio de los maestros de la Ley, escuchándolos y haciéndoles preguntas. Todos los que lo oían quedaron asombrados de su inteligencia y de sus respuestas. Al encontrarlo, se emocionaron mucho y su madre le dijo: <<Hijo, ¿Por qué te has portado así? Tu padre y yo te buscamos muy preocupados>>. Él les contestó: << ¿y por qué me buscaban? ¿No saben que tengo que estar donde mi Padre?>>. Pero ellos no comprendieron lo que les acababa de decir. Volvió con ellos a Nazaret, donde vivió obedeciéndoles. Su madre guardaba fielmente en su corazón todos estos recuerdos.

Mientras tanto, Jesús crecía y se iba haciendo hombre hecho y derecho, tanto para Dios como para los hombres.

EVANGELIO SEGÚN SAN JUAN

La palabra de Dios se hizo Hombre.

Al principio era **Verbo**, y frente a Dios será el **Verbo**, y el **Verbo** era Dios: Él estaba frente a Dios al principio.

Por Él se hizo todo y nada se hizo sin Él.

Lo que por Él se hizo era vida: la

vida es Luz para los hombres. La

Luz brilla en las tinieblas y las

tinieblas no pudieron vencer la Luz

Vino un hombre de parte de Dios: éste se llamaba Juan.

Vino para dar testimonio; vino como testigo de la Luz, para que, por Él, todos creyeran.

No era él la Luz, pero venía como testigo de la Luz.

Porque la Luz llegaba al mundo, la Luz verdadera, la Luz verdadera que ilumina a todo hombre.

Ya estaba en el mundo, y por Él se hizo el mundo, este mundo que no lo conoció.

Vino a su propia casa y los suyos no lo recibieron. Pero a todos los que lo recibieron, les concedió ser hijos de Dios.

Y el **Verbo** se hizo carne y habitó entre nosotros.

Hemos visto su Gloria, la que corresponde al Hijo Único cuando su Padre lo Glorifica.

En Él estaba la plenitud del Amor y la felicidad.

Juan le dio testimonio, pues proclamó: <<Éste es el que les decía: Él viene después de mí, pero ya está delante de mí, porque era antes que yo>>.

Esa plenitud suya es la que todos recibimos en una sucesión de gracias y favores.

Dios nos había dado la Ley, por medio de Moisés, pero, por Cristo Jesús, llegó el amor y la fidelidad.

A Dios, nadie lo ha visto Jamás; el Hijo Único, que está en el seno del Padre, es el que lo dio a conocer.

(Mi señor Jesús, perdona por haber transcrito al pie de la letra y en el orden que lo he hecho; pero estimo que así debería haber sido hecho, para que la gente lo entienda de mejor manera y lo asimile así, como lo he hecho yo, ¿Qué te parece mi amado Jesús?).

<<Se te dijo que Dios habla a tu conciencia, y a través de ella, a la humanidad, si tu conciencia lo dictó así, es así como se hará>>.

(Pero dime Jesús; ¿cómo explicar este Nuevo Testamento, desde tus antepasados, tu concepción, tu nacimiento, tu niñez y tu adolescencia?).

<<Soy descendiente de David, como debía ser el Salvador prometido al pueblo de Israel por parte de mi Padre Dios. Esta lista de mis descendientes llega hasta José mi padre terrenal, mi padre que me reconoció como su verdadero Hijo, y de María mi Virgen Madre para que los hombres sepan que soy descendiente directo de David, mi antepasado tal y como lo anunció mi Padre celestial, por boca de los profetas, pero esto es suficiente para que fuera considerado como José, hijo de David, así como de Abraham, padre de los creyentes, a quien Yahvé Dios prometió que todas las naciones se reunirán en torno a su raza.

Con respecto a mi concepción en el vientre de mi madre María, la Virgen; empezaré por el último Evangelio, el de Juan, el que dice:

"Al principio era Verbo y frente a Dios era el Verbo y el Verbo era Dios"

"y el Verbo se hizo carne y habitó entre nosotros".

En realidad, para tu mente, humana, es bastante difícil comprender esta paradoja, pero trataré de explicarte de una manera más simple:

Dios mi Padre, creó al hombre, juntos con el Espíritu Santo que siempre estuvo a su lado y forma parte de él y hoy de mí, y se sentía un poco apesadumbrado por ver cómo su creación, a pesar de sus múltiples demostraciones, estaba perdiendo la fe. Y pretendía buscarse otros Dioses, a los cuales los podía ver y tocar, aunque fueran ídolos de piedra, y hasta de oro, pero que, ni aun así eran felices y buscaban desesperados su propia destrucción, en todos los sentidos.

Entonces pensó Yahvé Dios nuestro Padre: << La única forma en la que me podrán ver, oír y tocar, es si me doy a conocer en forma de hombre y solamente así, podré convencerlos y, volverlos a la fe en Mí, su Dios, su Creador>>.

Es así, como decide buscar un vientre virgen de una mujer virgen, descendiente de David y de una familia de sacerdotes, creyente y cumplidora con las leyes de Dios; y he allí que se encontró con María, hija de Helí o Joaquim y de Ana; una mujer pura de sentimientos y pensamientos, temerosa del Dios que adoraban sus padres.

Allí, su comienzo como Dios y como Hombre, dejándose crear por su propia creatura, fundiéndose en el Más grande misterio de la vida; la concepción en la más mínima expresión de vida, al unir la esencia de vida divina, en vez de un esperma, con un óvulo engendrador de vida humana, algo muy simple para Dios, y muy complicado para el entender humano.

Es así como Dios nuestro Señor, llegó a tener un principio, como Dios Hijo, tomando la fuerza del Dios Espíritu Santo; para con mi resurrección, formar la "Santísima Trinidad", de Dios Padre, Dios hijo y Dios Espíritu Santo. Que vive y reina por los siglos de los siglos. (Amén).

Es por esta razón que María, mi madre, se convierte en pieza fundamental de la creación; ya que al engendrarme, y formarme durante nueve meses en su vientre virginal, y siendo yo, parte de un Dios, ella se convierte en una Santa, y mucho más con su sacrificio de darme a luz, amamantarme, criarme y educarme, luego acompañarme en la difusión del mensaje de Dios mi Padre, y, así mismo en mi peregrinación, hasta mi muerte física, también a mi resurrección y ascensión de regreso a Dios mi Padre, para ser parte de la Santísima Trinidad.

Y ella es aún hoy por los siglos de los siglos, la madre abnegada que nos cuida y da el amor único de madre, así como aquí en la tierra lo hizo como madre terrenal, hoy lo hace como madre celestial y Espiritual y nos quiere tanto como Yahvé Dios Padre, y, a toda la humanidad, y desde su trono, nos cuida y les cuida a todos ustedes, siendo muchas veces vuestra intercesora, cuando le piden un favor con mucha fe, para que, a través de mí, lleguen sus peticiones hasta Yahvé Dios nuestro Padre.

Yo no sé por qué muchos no ponen en práctica mi encargo; cuando estuve en la cruz, le dije a la humanidad, en la persona de Juan, mi apóstol más querido: <<Juan he ahí a tu madre>> y luego encargué a mi madre cuidar a toda la humanidad, en la persona de Juan cuando dije: <<Madre he ahí a tu hijo>>.

Si alguien así no ama y respeta a mi madre, no me ama y respeta a mí; y tampoco a Yahvé mi Padre y el de ustedes, mucho menos al Espíritu Santo que es de todos de igual manera.

De la misma manera, mi padre envió un mensajero delante de mí, cuando me dijo: <<Ahora mando a mi mensajero delante de ti, para prepararte el camino. Escuchen ese grito en el desierto: preparen el camino del Señor, enderecen sus senderos>>.

Hoy lo decimos a través de ti: <<Recorran el camino que dejé trazado, que es el único que los llevará a la vida eterna,

donde no hay llanto ni tristezas, ni penas, ni preocupaciones por nada, solo hay alegrías y felicidad eterna; junto a la Santísima Trinidad y en compañía de mi Madre, de los Ángeles y Arcángeles, así como de todos los Santos y todos aquellos que en esta tierra, enderezaron sus torcidos senderos, se arrepintieron, y vivieron de acuerdo a las leyes que estableció el Señor nuestro Dios y que fueron escritas en la Santa Biblia, que es la palabra de un Dios vivo, por los siglos de los siglos>>. (Amén).

Con respecto a mi nacimiento; te diré con la más absoluta verdad, que no fue muy distinto al nacimiento de cualquier ser humano o cualquier ser viviente que nace por parto. La única diferencia es que al salir del vientre de mi madre, no desgarre el himen de ella; mi Padre, con la ayuda del ángel y del Espíritu Santo, utilizaron un sencillo procedimiento de ingeniería genética molecular, la cual, separa las moléculas y átomos de un cuerpo, en partículas más pequeñas que el orificio por donde deban pasar, y luego de pasado ese pequeño obstáculo, lo junta de nuevo y así se conservó la virginidad de mi madre, para que se cumpla ese precepto de "Fue virgen, antes y después del parto".

No te olvides que fueron los ángeles quienes anunciaron mi nacimiento a los pastores, así como los Reyes Magos, astrólogos, científicos apegados a las leyes de Dios. Y de la forma en la que lo hicieron, allí te darás cuenta de que el poder de Yahvé Dios nuestro Padre no tiene límites.

Así mismo, mi niñez, fue casi igual a la de todo ser humano: llore por una caída, jugué con los juguetes que me fabricaba mi padre terrenal, aprendí de mis maestros, mis padres, que era lo más común en la época en la que me tocó vivir como hombre, ellos me enseñaron todo acerca de las Sagradas Escrituras; luego en mi adolescencia tuve como maestros a los sacerdotes del Templo, lo frecuenté algunos años, algo que han omitido los Evangelistas, porque a lo mejor no lo creían relevante, pero que hoy es necesario aclarar este aspecto.

Allí empecé a discutir y discrepar en muchas cosas con los sacerdotes, escribas y fariseos, razón por la cual, cuando empecé a predicar la Palabra de mi Padre, tuvieron mucho recelo y cuando me condenaron, no me defendieron, porque consideraban que las verdades que yo decía eran blasfemias, pero era porque estaban conscientes que lo que yo les reprochaba era que no practicaban lo que predicaban, además estaban ignorantes a los designios de Yahvé Dios mi Padre>>.

(Gracias Señor Jesús, por esta breve explicación de los trascendentales acontecimientos de tu vida; espero que todo aquel que lea estos escritos, o se entere de alguna otra forma, entienda, comprenda y no busque explicaciones irracionales para tener fe, en ti mi Amado Jesús, en Yahvé Dios Padre, en el Espíritu Santo y en tu Santa Madre María. Para mayor comprensión de todo lo dicho, remítanse a la explicación que da la Iglesia católica a través de su "SANTA BIBLIA" ediciones Paulinas Verbo Divino XLVII edición. De la cual he transcrito los textos bíblicos y muchas explicaciones.**)**

Mt.3,11-12 Juan Bautista anuncia la venida de Jesús.

Mc.1,1 predicación de Juan el Bautista.

Lc.3,1 Juan Bautista prepara el camino del Señor.

Jn1,19 Juan Bautista presenta a Jesús, el "cordero de Dios".

Lc,3,1 Era el año quince del reinado del emperador Tiberio. Poncio Pilatos era gobernador de Judea, Herodes estaba a cargo de la provincia de Galilea, su hermano Filipo a cargo de Iturea y de la Traconítide, y Lisanias a cargo de Abilene. Los jefes de los sacerdotes eran Anás y Caifás. Ese fue el momento en que Dios dirigió su palabra a Juan, hijo de Zacarías, que estaba en el desierto.

Mt.3,4 Juan vestía un manto de pelo de camello, con cinturón de cuero, entonces iban a verlo los judíos de Jerusalén, de Judea y de toda la región del Jordán. Confesaban sus pecados y Juan los bautizaba en el río Jordán.

Lc.3,3 Juan empezó a predicar su bautismo por toda la región del rio Jordán, diciéndoles que cambiaran su manera de vivir para que se les perdonaran sus pecados. Así se cumplía lo que está escrito en el libro del profeta Isaías:

Escuchen ese grito en el desierto: preparen el camino del Señor, enderecen sus senderos.

Rellénense todas las quebradas y aplánense todos los cerros, los caminos con curvas serán enderezados, y los ásperos suavizados.

Entonces llegará la salvación de Dios y todo mortal la contemplará.

Decía, pues, a las multitudes que venían a él de todas las partes para que los bautizara:

Mt.3,7 al ver que muchos Fariseos y Saduceos venían a bautizarse, les dijo: <<Raza de víboras. ¿Acaso pueden escapar del castigo que se les viene encima? Muestren, pues, los frutos de una sincera conversión, en vez de confiarse que son los hijos de Abraham. Yo les aseguro que Dios es capaz de sacar hijos de Abraham aún de estas piedras. Fíjense que el hacha llega a la raíz. Ya están cortando al árbol que no da buen fruto y lo arrojan al fuego.

Lc.3,10 La gente le preguntaba: << ¿Qué debemos hacer?>> Él les contestaba: <<El que tenga dos capas dé una al que no tiene y quien tenga que comer haga lo mismo>>

Vinieron también los cobradores de impuestos para que los bautizara, le dijeron: <<Maestro, ¿Qué tenemos que hacer?>> Respondió Juan: <<No cobren más de lo debido>> A su vez unos soldados le preguntaron: <<Y nosotros ¿Qué debamos hacer?>> Juan contestó: <<No abusen de la gente, no hagan denuncias falsas, y conténtense con lo que les pagan.

Jn.1,19 Este es el testimonio de Juan respecto de Jesús. Los judíos de Jerusalén habían enviado donde Juan a algunos Sacerdotes y Levitas para que le preguntaran: << ¿Quién eres tú?>> Juan aceptó decírselo y no lo negó. Declaró: <<Yo no soy el Cristo>>

Le dijeron: <<Entonces, ¿Quién eres?, acaso Elías?>> contestó: <<Yo no soy Elías>> le dijeron: << ¿Eres acaso el profeta?>> contestó: <<No>> le preguntaron de nuevo: <<Dinos quién eres, para que llevemos una respuesta a los que nos han enviado. ¿Qué dices de ti mismo?>>.

Juan contestó: <<Yo soy la voz que grita en el desierto: enderecen el camino del Señor, como lo anunció el profeta Isaías>>.

Los enviados eran del grupo de los Fariseos. Le hicieron esta pregunta: << ¿porque bautizas entonces si no eres el Cristo, ni Elías ni el profeta?>> les contestó Juan: <<Yo bautizo con agua, pero hay uno en medio de ustedes, a quien no conocen. El viene detrás de mí, y yo no merezco soltarle la correa de la sandalia>>.

Lc.3,15 El pueblo estaba en duda y todos se preguntaban interiormente si Juan no sería el Cristo. Por lo que Juan hizo a todos esta aclaración: <<Yo los bautizo con agua, pero ya viene el que es más poderoso que yo, al que no soy digno de soltarle los cordones de un zapato; él les bautizará en el Espíritu Santo y en el fuego. Tiene en la mano la pala para limpiar el trigo en su era y recogerlo después en su granero. Pero la paja, la quemará en el fuego que no se apaga>>.

Jn.1,29 Al día siguiente, Juan vio a Jesús que venía a su encuentro y exclamó: <<Ahí viene el Cordero de Dios, el que quita el pecado del mundo. De él yo decía: Detrás de mí viene un hombre que ya está delante de mí porque existía antes que yo. Yo no lo conocía; pero mi misión y mi bautismo con agua eran para él, para que él se diera a conocer a Israel>>.

Mt.3,13-15 Por ese tiempo, vino Jesús, de Galilea al río Jordán, en busca de Juan para que lo bautizara. Pero Juan se oponía diciendo: <<Yo necesito tu bautismo ¿y tú quieres que yo te bautice?>>

Jesús le respondió: <<Déjame hacer por el momento; porque es necesario que así cumplamos lo ordenado por Dios>> Entonces Juan aceptó.

Mc.1,9 En esos días, Jesús vino a Nazaret, pueblo de Galilea, y se hizo bautizar por Juan en el río Jordán. Luego al salir del agua, Jesús tuvo esta Visión: los Cielos se rasgaban, y el Espíritu Santo bajaba sobre él en forma como paloma. Se oyeron estas palabras, que venían del Cielo: <<Tú eres mi Hijo el amado; tú eres mi elegido>>.

Jn.1,32 y Juan dio este testimonio: <<He visto al Espíritu bajar del Cielo como paloma y quedarse sobre él. Yo no lo conocía, pero Dios, que me envió a bautizar con agua, me dijo

también: verás al Espíritu bajar sobre aquel que ha de bautizar con el Espíritu Santo, y se quedará en él. ¡Yo lo he visto! Por eso puedo decir que éste es el elegido de Dios>>.

Lc.3,18 Y, con muchas otras palabras, anunció la Buena Nueva al pueblo, 'hasta que Herodes lo hizo encarcelar. Pues Juan reprochaba a Herodes que estuviera viviendo con la esposa de su hermano, y además todo el mal que había cometido. Herodes no dudó en hacer tomar preso a Juan, con lo que añadió otro crimen a todos los anteriores.

Mt.4,1 **Jesús es tentado en el desierto.**

Lc.4,1 Después el Espíritu Santo condujo a Jesús al desierto para que fuera tentado por el diablo.

Mc.1,12 Y después de estar sin comer cuarenta días y cuarenta noches, tuvo hambre.

Entonces se acercó el tentador y le dijo: <<Si eres Hijo de Dios, ordena que esas piedras se conviertan en pan>> Pero Jesús respondió: <<<Dice la escritura que **el hombre no solamente vive de pan, sino de toda palabra que sale de la boca de Dios>>.**

Después de esto, el diablo lo llevó a la ciudad santa, y lo puso en la parte más alta del templo, y le dijo: <<si eres hijo de Dios, tírate de aquí para abajo. Puesto que la escritura dice: **Dios ordenará** a sus ángeles que te lleven en sus manos para que tus pies no tropiecen en **piedra alguna**>> Jesús replicó: <<Dice también la escritura: No tentarás al Señor tu Dios>>.

Enseguida lo llevo el diablo a un cerro muy alto, le mostró toda la riqueza de las naciones 'y le dijo: <<Te daré todo esto si te incas delante de mí y me adoras>> Entonces Jesús le respondió: <<Aléjate de mí, Satanás, porque dice la Escritura: **Adorarás al Señor tu Dios, a él solo servirás**>>.

Entonces lo dejó el diablo y acercándose los ángeles se pusieron a servirlo a Jesús.

Mc.1,14; Lc.4,14

Oyó Jesús que habían encarcelado a Juan, por lo que se fue a Galilea. Dejó la ciudad de Nazaret y fue a vivir en Cafarnaúm, cerca del lago, en los límites de Zabulón y Neftalí.

Así se cumplió lo que dijo el profeta Isaías:

<<Oigan territorios de Zabulón y Neftalí y las orillas del mar y de más allá del Jordán; escúchame Galilea, tierra de paganos.

A tus habitantes postrados en tinieblas los iluminó una luz grande. Estaban sentados en la región sombría de la muerte, pero apareció para ellos una luz>>.

Entonces fue cuando Jesús empezó a predicar. Y decía: <<Cambien su vida y su corazón, porque el reino de los Cielos se ha acercado>>.

Caminaba Jesús a orillas del lago de Galilea y vio a dos hermanos: Simón llamado después Pedro, y a Andrés, Jesús les dijo: <<Síganme, y los haré pescadores de hombres>>.

Los dos dejaron inmediatamente las redes y empezaron a seguirlo.

Más allá vio a otros dos hermanos: Santiago y Juan, que, con Zebedeo, su padre, estaban en su barca, Zurciendo las redes. Jesús los llamó, 'y ellos también dejaron la barca y al padre y empezaron a seguirlo.

Jesús recorría toda la Galilea. Enseñando en las Sinagogas. Predicaba la Buena Nueva del Reino y sanaba todas las dolencias y enfermedades de la gente. Por eso se extendió su fama por toda
Siria.

Le traían todos los enfermos, los aquejados por males y dolencias diversas, los endemoniados, lunáticos y paralíticos, y a todos los sanaba. Lo seguía un gentío inmenso de Galilea. Dacápolis, Jerusalén, Judea y del otro lado del Jordán.

(¿Que me puedes decir mi Señor Jesús, de estos capítulos que he transcrito acerca de Juan el Bautista, tu bautismo; las tentaciones de las cuales fuiste victima en el desierto y el principio de tu Apostolado?).

<< **Mira Edmundo**, Juan fue enviado por Yahvé Dios nuestro Padre, a preparar el camino por el cual iba Yo a transitar; no el camino polvoriento y pedregoso de la tierra: El camino de la mente y el corazón de los hombres, a quitar el polvo y las piedras de la forma dispendiosa y profana que estaban llevando en esos momentos de la historia, que no distan mucho de los momentos actuales, en los que se está perdiendo la fe, en los cuales, el pecado está a la orden del día, en los cuales la gente está buscando adorar a otros dioses y está olvidándose que hay un solo Dios verdadero y un solo camino para llegar a él, que es el de una vida recta y correcta, apegada a las leyes de Dios, y llena de mucha fe en la Santísima trinidad.

Desde mucho tiempo atrás se dijo por boca del profeta Isaías: **<<Escuchen ese grito en el desierto: preparen el camino del Señor, enderecen sus senderos>>.**

Se repitió por segunda vez y antes de darme a conocer al mundo por parte de Yahvé Dios nuestro Padre y por boca de

Juan: **<<Escuchen ese grito en el desierto: preparen el camino del Señor, enderecen sus senderos>><<Cambien su vida y su corazón, porque el Reino de los Cielos se ha acercado>>.**

Y hoy, antes de mi segunda venida, y por tercera y última vez se dice a través de ti: **<<escuchen este grito en el mundo entero; preparen el camino del Señor enderecen sus senderos, cambien su vida y su corazón, porque el Reino de Dios está ya entre ustedes>>.**

El que tenga oídos que escuche estas palabras y el que no quiera escuchar estas palabras aquí en la tierra; tendrá que escuchar gritos de lamento y desesperación por el resto de la eternidad, allá, donde el fuego no se extingue jamás y donde el arrepentimiento ya no es escuchado por Yahvé Dios nuestro Padre. **Hoy** es el tiempo en que Yahvé Dios nuestro Padre quiere escuchar las voces de esos corazones arrepentidos, para que Yo les pueda guiar por el camino recto y correcto a la tierra de la eterna felicidad, al país de Yahvé Dios, de la Santísima Trinidad'.

Para poder predicar la Palabra de Dios nuestro Padre, tuve que ser bautizado con agua por manos de Juan; aunque él se oponía diciendo: Yo necesito tu bautismo ¿y quieres que yo te bautice?>> y Yo le respondí: <<Déjame hacerlo así por el momento; porque es necesario que cumplamos lo ordenado por Dios>> y así lo hizo Juan, me bautizó con el agua del rio Jordán; y cuando salía del río, de repente se abrió el Cielo y se vio al Espíritu Santo de Dios que bajaba como paloma sobre mí y se oyó una voz celestial que decía: <<Éste es mi Hijo, el amado; este es mi elegido>> Así fui bautizado con el Espíritu Santo de Dios, y permanece en mí, por los siglos de los siglos. **(Amén).**

De esta misma manera Dios nuestro Padre se alegra y pronuncia las mismas palabras, al ustedes recibir el bautismo cuando niños, o la confirmación cuando adolescentes o jóvenes. Y aún si en sus años de madurez lo hacen algunos que no recibieron estos sacramentos a su debido tiempo. Dios es paciente y se complace en cualquier momento en que el hombre decida convertirse a él.

Con respecto a las tentaciones por parte del demonio en el desierto; te digo que son las mismas tentaciones que hoy en día reciben los seres humanos y en especial los jóvenes y hasta los adolescentes y niños; así como los que están empezando los años de su adultez.

Cuando el demonio me dijo, después de haber Yo, ayunado, durante cuarenta días y cuarenta noches: <<Si eres hijo de Dios, ordena que esas piedras se conviertan en pan>> y Yo le dije: <<Dice la Escritura que el hombre no vive solamente de pan, sino de toda palabra que sale de la boca de Dios>>.

Créeme que, en esas circunstancias, cuando estás con tanta hambre, vencer esa tentación es bastante difícil; y solamente con mucha fe en Yahvé Dios nuestro padre es posible vencerla, ya que Dios te alimenta de muchas otras formas.

Y, si no, **acuérdate**, cuando en tu época de estudiante, salías del colegio a las trece treinta, y con mucha hambre, que veías a las piedras de la calle, como panes, pero la esperanza de llegar a tu casa a las quince horas y sabiendo que tu madre te esperaba con una suculenta comida, te hacia vencer la tentación de comerte esas piedras.

(Es verdad mi Señor Jesús, ahora comprendo, cuán difícil es vencer una tentación de esas, pero yo también tuve fe en Dios y tú lo sabes).

Pero hoy en día el hombre está tentado de similar manera, y por falta de fe, cae en el pecado de la coima, el chantaje y la corrupción, muchas veces hasta en el crimen, para saciar su hambre y a veces su gula y no solo de pan, sino de bienes materiales, de oro y de riquezas.

Sin embargo, con paciencia, con mucha fe y con oración, se puede superar esta tentación y vivir tranquilos y en paz, sabiendo que Dios nuestro padre Jamás nos dejará morir de hambre, que él nos proveerá de cualquier manera el pan de cada día.

Luego el demonio me llevó a la ciudad santa, a la parte más alta del templo y me dijo: <<Si eres hijo de Dios, tírate de aquí para ab ajo. Puesto que la Escritura dice. Dios ordenará a sus ángeles que te lleven en sus manos para que tus pies no tropiecen en piedra alguna>> Pues Yo le dije: <<Dice también la Escritura: No tentarás al Señor tu Dios>>. Muchas veces el hombre comete la imprudencia de tentar a Dios, de querer poner a prueba su poder; y cuando por los actos de sus imprudencias, recibe consecuencias fatales, tiende a culpar a Dios por esos desastres que recibe, cosa más absurda y alejada de la verdad.

Dios, en el momento mismo de la Creación, nos dio independencia para hacer lo que queramos, a sabiendas de lo que es bueno y lo que es malo, es allí, cuando Dios nuestro Padre, no interviene y deja que las consecuencias de nuestros actos sean las que nos den el pago justo a nuestras acciones. Por eso es importante la fe en Yahvé Dios nuestro Padre, la obediencia a sus leyes y mandatos, y el no tentar ni abusar de su bondad. Y viviremos felices a la sombra y el amparo de Dios nuestro Señor y de la Santísima Trinidad.

En seguida el diablo me llevó a un cerro muy alto, y me mostró toda la riqueza de las naciones y me dijo: <<Te daré todo esto si te incas delante de mí y me adoras>> Entonces le respondí: <<Aléjate de mí, Satanás, porque dice la Escritura: Adorarás al Señor tu Dios, a él solo servirás>> Entonces el demonio se alejó de mí, y los ángeles de mi Padre se pusieron a mi servicio.

Otra tentación dura y difícil de vencer por parte del hombre; desde muy pequeños, los padres terrenales enseñan a sus hijos a vivir en la opulencia, a adquirir bienes materiales, a demostrar que, símbolo de poder es tener riquezas, no importa la forma en la que lo hagan, ni el precio que tengan que pagar por sus acciones. Es allí donde empieza la infelicidad del hombre, porque cuando no puede adquirir esos bienes de una forma fácil; si no puede heredar, quiere robar, y lo hace de muchas maneras; luego trata de hacerlo a través de los juegos de azar, y cae en los mil y un vicios, por último, algunos tratan de obtener dichas riquezas, trabajando de sol a sol, acabando su juventud, su salud y su felicidad. Terminan de rodillas adorando a Satanás, unos deslumbrados por el oro y las riquezas conseguidas, otros implorando para que el demonio cumpla sus deseos y los últimos implorando para que Yahvé Dios les devuelva la salud.

Si en verdad quieren que sus hijos sean felices; no arrojen a los niños a los brazos del consumismo, a los jóvenes, a los placeres de la comodidad y la vanidad de las cosas materiales, para que cuando sean adultos, vivan tranquilos con el fruto de su honrado y modesto trabajo, que den tiempo suficiente y de calidad a su familia, que compartan los momentos más alegres aunque parezcan insignificantes, juntos con su familia; que las cosas materiales queden en segundo plano, que las cosas espirituales sean las más importantes, que si el padre de familia tiene una casa medianamente cómoda y puedan vivir sus hijos con sus familias en ella, no quiera hacerse otra, solamente por el orgullo y la vanidad de decir yo tengo mi propia casa. Y verán que todo cambiará a su alrededor, y las familias y los hombres serán felices, aquí en la tierra, y si llevan una vida ordenada y austera, respetando las leyes de Yahvé Dios, orando y siguiendo por el camino que Yo les dejé trazado, llegarán sin ninguna dificultad a vivir junto a Yahvé Dios nuestro Padre, junto a mí y al Espíritu Santo, así como junto a mi madre, y los ángeles y Santos, así como lo hicieron todos hombres y mujeres que alcanzaron la gloria de Yahvé Dios nuestro Padre>>.

(Que así sea mi señor Jesús, Amén).

"Cuando el pueblo de Dios se convierta a su Amor, encuentra las respuestas a las preguntas que la historia le plantea continuamente. Uno de los desafíos más urgentes sobre los que quiero detenerme en este mensaje es la globalización de la indiferencia.

La indiferencia hacia el prójimo y hacia Dios es una tentación real también para los cristianos. Por eso necesitamos oír a cada momento el grito de los profetas que levantan su voz y nos despiertan.

Dios no es indiferente al mundo, sino que lo ama al punto de dar a su Hijo por la salvación de cada hombre.

En la encarnación, en la vida terrena, en la muerte y resurrección del Hijo de Dios, se abre definitivamente la puerta entre Dios y el hombre, entre el cielo y la tierra.

Y la Iglesia es como la mano que tiene abierta esta puerta mediante la proclamación de la palabra, la celebración de los sacramentos, el testimonio de la fe que actúa por la caridad (cf.Ga.5,6) sin embargo, el mundo tiende a serrarse en sí mismo y a cerrar la puerta a través de la cual Dios entra en el mundo y el mundo en él. Así, la mano, que es la Iglesia, nunca debe sorprenderse si es rechazada, aplastada o herida.

El pueblo de Dios, por tanto, tiene necesidad de renovación, para no ser indiferente, y para no cerrarse en sí mismo".

(Parte del mensaje del Papa Francisco para la cuaresma 2015).

(**Gracias Santo Padre**, sucesor de Pedro, y por ende de nuestro Señor Jesucristo; es increíble como Dios pone en mis manos las herramientas necesarias, para dar una explicación al pasaje en el cual nos encontramos juntos con mi Señor Jesús. Gracias a ti también Jesús por permitirme anexar esta savia reflexión del **Papa Francisco**, digno sucesor de Pedro y que tan orgulloso me siento, porque él también ha sido llamado por Dios nuestro Padre, a formar parte de sus servidores más cercanos, y que seguro estoy, ocupará un sitial muy grande en sus altares, y más orgulloso me siento, por ser él, originario de Latinoamérica, y, por ende, de mi propia tierra, dándome cuenta de que Dios con su omnipotencia, está hoy en nuestro continente).

Viaje por la Biblia al encuentro de

La Coexistencia de DIOS y del Demonio.

DOMINGO 20/12/2020

Hoy Domingo 20 del último mes del año2020, a las 20 horas; uno de los años más duros para la convivencia de la humanidad; Yahvé Dios nuestro padre, en unión de Cristo Jesús su amado hijo y del Dios Espíritu Santo, formando la Santísima Trinidad y demostrando que es Dios Uno y Trino, me ha inspirado a escribir estas revelaciones que ha considerado oportunas hacerlo en este día muy especial. Cerca de la Navidad. Y al ver que la humanidad se está perdiendo y dejándose corromper por Satanás, su encarnizado enemigo y enemigo de su muy amada creación que es el Hombre.

Con esta revelación Yahvé Dios nuestro Padre quiere que volvamos nuestros ojos a Él, nos demos cuenta que ama su creación y no quisiera que se pierda o tener que destruirla como en los tiempos de Noé, o como lo hizo con Sodoma y Gomorra en los tiempos de Lot, o como castigó a parte del pueblo de Israel en los tiempos de Moisés; y por esa razón decidió encarnar parte de su ser que corresponde a su amado Hijo Jesucristo en una mujer Virgen y libre de mancha del pecado para demostrar de una vez y por todas que ama muchísimo a su creación y no quisiera perderla; pero que ni la muerte de su amado Hijo, ni el envío de sus Profetas ni sus señales, en los Cielos, en los Mares y en la Tierra han servido para que la humanidad se dé cuenta de esta realidad y más aún, una parte de ella, osa desafiar sus Leyes y Mandamientos, tratando manipular la creación de Yahvé nuestro Dios y de crear armas, bombas, pestes y enfermedades a través de Virus y Bacterias, para diezmar parte de sus Hermanos, y ser ellos los únicos beneficiarios de esto. No se dan cuenta que quien los inspira y corrompe de esta manera es Satanás su enemigo y nuestro también, que aparentemente está ganando la batalla, pero que sepan que ellos ya tienen su castigo preparado y no se salvarán de éste; pero así mismo quiere que el resto de la Humanidad se salve de esto, se arrepienta de sus pecados y errores, viva de acuerdo a sus Mandamientos y Leyes que son tan simples y fáciles de ponerlos en práctica, pero que no quieren entender y se han vuelto duros de corazón.

Quiere Yahvé Dios nuestro Padre darnos una nueva oportunidad para reconciliarse con él, con su amado Hijo y con el Espíritu Santo que nos creó, solamente quiere que se remitan a sus Santas Escrituras, que fueron así mismo reveladas e inspiradas a sus Hijos escogidos para esta misión y que luego fueron difundidas y predicadas por los Profetas en la antigüedad, luego por su amado Hijo nuestro Señor Jesús, posteriormente por sus Apóstoles y representantes, y hoy quiere que lo hagamos a través de este Humilde Siervo suyo y de todos cuantos estén dispuestos a hacerlo, sin buscar redito personal y enriquecerse y vivir bien a través de la predicación de su palabra, sino por el contrario, quien esté dispuesto a llevar esta misión deberá saber que es un deber y un sacrificio que solamente le servirá para conseguir su sustento diario, como en los tiempos de los profetas, Juan el Bautista, su amado Hijo Jesús, y por último los apóstoles de él.

Si lo Hacemos de esta manera, Dios nuestro Padre y Creador, Revertirá esta Situación en la que estamos viviendo, y nos dará una nueva oportunidad de vida, en condiciones acordes a las que él había planeado, cuando puso al primer hombre sobre la Tierra; caso contrario, Purificará y Renovará su Creación para dar a su nueva Generación un Nuevo Cielo y una nueva Tierra

Todos los seres humanos, incluidos los científicos, Teólogos y filósofos, nos hemos preguntado alguna vez ¿Cuál es el origen de DIOS?, y la respuesta nos la da hoy él mismo, a través de esta revelación hecha a un insignificante ser humano como yo.

EL ORIGEN DEL UNIVERSO

LA COEXISTENCIA DE DIOS EN EL UNIVERSO

EL VERDADERO ORIGEN DE DIOS

Y DEL DEMONIO

La teoría de la creación del universo, en general del Big-Bang, es correcta, todo se inició con una gran explosión de un núcleo lleno de energía inimaginable que vagaba en el espacio infinito; junto con la COEXISTENCIA de DIOS.

En ese momento se desencadenaron fuerzas de miles de millones de Iones, Protones, Neutrones, y muchas otras formas de materias llenas de energía; dando origen así a la formación de fuerzas Positivas, Negativas, Astrales neutras puras y deslumbrantes, Cinéticas de atracción separación y muchísimas otras formas de energía que hasta hoy vagan por el espacio sin ser descubiertas por la mente humana; así como a la diseminación de miles de millones de fragmentos que empezaron a vagar por el espacio.

En un momento indeterminado del tiempo, chocan la energía Positiva pura con la Astral Celeste neutra de una forma estrepitosa, produciendo destellos deslumbrantes y enceguecedores, con un calor descomunal, pero que no quema la materia resultante; así se inicia una forma de vida algo confusa. En un segundo estrepitoso choque de fuerzas, chocan la forma de vida confusa resultante del primer choque de energías con la energía Cinética de atracción, se produce un calor descomunal pero que no consume la materia resultante, y una luz enceguecedora formada por Rayos y destellos como Relámpagos fulgurantes, como en el primer choque de fuerzas que dura muchos más días que en el primero en disiparse, y se deja ver otra forma de vida con más definición, pero igual a la segunda, una figura luminosa que se funde con la anterior y dan origen a la forma de vida que llamaremos DIOS. Definiéndose así su COEXISTENCIA. Pero lo increíble es que pasado un tiempo indeterminado, al enfriarse, se fragmenta y da como resultado una tercera figura de igual forma y características que la primera y la segunda, pero también se dan cuenta que pueden separarse y unirse las tres figuras formando una sola que llamaremos la santísima Trinidad; la primera forma de vida, tiene la capacidad de tomar decisiones, por esa razón lo llamaremos Dios Padre, la segunda forma de vida que se adhirió a la primera y a la segunda que les dio más fuerza, energía, y la capacidad de separarse de la primera y la segunda, tomando sus mismas características y forma, a la cual llamaremos Dios Hijo y la tercera fuerza que se fundió con las dos anteriores dándoles una forma compacta y de luminosidad con las mismas características que las dos anteriores, la llamaremos Dios Espíritu Santo. Y cada cual tiene su cualidad diferente pero que se complementan entre sí y no pueden vivir separadamente por siempre, por esa razón decimos que DIOS es Uno y Trino. Y es una forma y MANERA de COEXISTIR, que es única en el universo.

De esa forma DIOS ha completado su increíble formación y ORIGEN.

Empezó esta forma de vida Celestial a la cual llamaremos la Santísima Trinidad a vagar sola en el espacio, coexistiendo con todo lo que allí había existido y se dio cuenta de la existencia de una tercera forma de energía que era la energía negativa coexistente y que vagaba en el espacio tratando de fundirse con ella, provocando destellos enceguecedores que iluminaban el espacio y permitían ver los grandes, pequeños y minúsculos fragmentos formados después de la gran explosión; es allí cuando Dios, ya tomado forma definitiva, con conciencia y raciocinio, viendo que vagaba a la deriva al igual que aquellos fragmentos, que coexistían con el decide tratar de agruparlos, formando las galaxias, planetas y estrellas, agrupados de acuerdo a su forma, tamaño y género; es así como da forma a muchas galaxias, entre ellas a nuestra galaxia, que por la posición en la que se encuentra dentro del espacio celeste, brinda todas LAS FACILIDADES PARA CREAR LO QUE IBA TENIENDO EN MENTE, y por último forma nuestro planeta con la contribución de las fuerzas, positiva, negativa, neutral y muchas otras energías que no hemos sido capaces de descubrirlas aún, pero que coexisten entre ellas y con DIOS nuestro CREADOR.

Luego ya sabemos el resto de la creación, como nos explica el mismo DIOS Padre, nuestro CREADOR a través de las santas escrituras en el Libro del Génesis.

Por último decide formar un ser parecido a él, diciendo Vamos a Crear a un Ser a Nuestra Imagen y Semejanza y lo hacen de acuerdo a su Naturaleza tomando los elementos que estaban a su alcance en la tierra que él había dado forma y le había dado características para que pudieran albergar formas de Vida; con la contribución de energía positiva y neutra; pero no es una forma compacta, sino casi un Holograma; es allí cuando se da cuenta que la fuerza negativa que pugnaba por fundirse con el nuevo ser que él había creado, provocaba destellos enceguecedores que iluminaban la oscuridad y formaban esquirlas que se podían ver y tocar, entonces toma parte de esa energía, forma al hombre nuevamente y le da las características que hasta hoy tenemos.

En los momentos que se encontraban creando al Ser que luego le darán el nombre de Barón al cual luego lo llamará Hombre, el Ser que habían creado en un primer momento, se da cuenta que era casi tan perfecto que se envaneció y se creyó que era igual a un Dios y que podía llegar a ser igual a Ellos, pero en un momento de descuido de todos, es absorbido por una energía negativa densa y oscura que vagaba por el espacio y coexistía con ellos; lo vuelve malo y empieza a desafiar el poder de Dios Trino, por esa razón deciden expulsarlo de su lado y enviarlo a un lugar lleno de fuego ardiente para destruirlo, pero este nuevo Ser maligno logra resistir a ese calor inferna, adaptarse y coexistir con él en su nueva morada, para tratar de hacer lo mismo que Dios estaba haciendo, más jamás logra su propósito. Es por esta razón que se declara en franca guerra con Dios nuestro creador para tratar de corromper a la creación de Dios, y formar su propio ejército del Mal.

Es este el Origen de Luzbel, Diablo, Demonio o como ustedes lo quieran llamar, el Rey de las tentaciones, es el principio del fin del ser humano cuando se deja seducir y atrapar con sus engaños, volviéndolo un ser ambicioso, codicioso y por ende corrupto, haciéndolo un seguidor ideal para su ejército del mal.

EL TIEMPO QUE DURO LA CREACION

El tiempo que le llevó crear todo esto fue de Siete mil años para nosotros y de Siete días para Dios nuestro creador ya que él mismo lo dice que Mil años son para él como un día.

El resto de la historia está explicada a través de la palabra de su propio Creador en las Escrituras que están en la Santa Biblia a la cual todos deben remitirse y estudiarlas a cabalidad.

Es así como me ha sido revelada esta historia contada por el propio Yahvé nuestro Dios y creador, sin omitir ni un solo detalle de lo que me ha dicho que escribiera para conocimiento de toda la humanidad, y lo ha hecho a través de no sé si de un sueño o una orden directa dicha en silencio a mi mente.

Estando, acostándome para dormir, ya que lo hago muy temprano, a partir de las 7pm. Y máximo a las 8pm. En el lugar donde me encuentro Refugiado, en una finca de la Amazonía

Ecuatoriana situada a 45 minutos de la ciudad del Puyo en la Asociación Pastaza segundo Bloque; perteneciente a la parroquia El Triunfo de la provincia de Pastaza.

Es muy raro que diga que me encuentro refugiado en este hermoso lugar, que es prácticamente como el paraíso en el cual fue puesto el primer Hombre de la creación de Yahvé Dios nuestro padre, quien me fue preparando poco a poco para ponerme en este lugar, para que coexista con esta realidad y esta NATURALEZA ya que mi lugar de origen es la ciudad de Ambato, provincia del Tungurahua en donde he vivido la mayor parte de mi vida, siendo dueño de un negocio de compraventa y reparación de máquinas de coser y provisión de partes y piezas de las mismas por un lapso de tiempo de 35 años.

Por varias circunstancias que todos sabemos han sucedido en nuestro País y en el mundo entero, dicho negocio fue decayendo poco a poco, hasta el momento en que lo he ido dejando de a poco también, y a cambio he tratado de dedicarme a defender y conservar la naturaleza, a través de un proyecto ecoturístico llamado "EDWORLD. THE ADVENTURE PARK". El cual estoy poco a poco tratando de construirlo, dejando atrás mi antigua vida cómoda que llevaba durante mis 60 años, y de pronto renunciando a los bienes materiales que había llegado a acumular y dedicándome a acumular bienes Espirituales, lo cual parece que gustó mucho a Yahvé Dios nuestro Padre, y decidió ponerme a salvo de esta pandemia que nos azota aún, trayéndome a este hermoso lugar que para mí es el Paraíso que Yahvé Dios, dio a su primera creatura.

Y es aquí en este apartado lugar, donde Yahvé Dios nuestro Padre ha decidido hacer esta revelación por medio de este humilde servidor suyo, ya que decidí renunciar a todo sin pensar en lo que pensarían mis amigos, clientes, conocidos, inclusive mis familiares que muchos han dicho que he perdido la cordura, por haber decidido aislarme lejos del bullicio de las ciudades, en medio de la naturaleza, rodeado de una verde vegetación, de parajes y paisajes de una inigualable hermosura, de árboles milenarios gigantes, de una flora y fauna diversa y abundante que aquí existen.

Al estar rodeado de esta naturaleza maravillosa, he sentido estar más cerca de Yahvé Dios nuestro Padre, de mi amado Hermano nuestro seños Jesucristo y claro, del Espíritu Santo que me da fuerza y sabiduría, por ende veo que he encontrado el favor y la gracia de Yahvé mi Dios Padre al haberme hecho esta revelación, que sé muy bien que me causará muchos dolores de cabeza y me traerá muchas críticas, más negativas que positivas, pero que estoy dispuesto a soportar lo que sea, con tal que una alma siquiera pueda salvarse con esta mi decisión de aceptar este designio y encargo de Yahvé Dios nuestro Padre, para que sea difundido a todo el mundo, utilizando todos los medios disponibles en la actualidad y los que vengan en la posteridad.

Solamente quiero terminar esta medio explicación con una pequeña oración tomada de una coronilla rezada en el Rosario de la Misericordia.

Señor Dios Padre todo poderoso, te ofrezco el cuerpo y la sangre, el alma y la divinidad de tu amadísimo hijo nuestro señor Jesucristo, en expiación de nuestros pecados y los del mundo entero. Por su dolorosa pasión, ten misericordia de nosotros y del mundo entero.

AMEN.

EL MAESTRO JESUS

Viaje por la Biblia al encuentro de

La Coexistencia de DIOS y del Demonio.

Email. lopezbarrionuevoe@gmail.com

Lopezedmundo57@gmail.com

EDMUNDO LOPEZ BARRIONUEVO

ESCANEA ESTE CODIGO
POR FAVOR

INDICE

BIBLIOGRAFIA

"LA NUEVA BIBLIA LATINOAMERICANA"

Email. lopezbarrionuevoe@gmail.com

Lopezedmundo57@gmail.com

MAESTRO

EDMUNDO LOPEZ BARRIONUEVO

Made in the USA
Las Vegas, NV
24 July 2024